HARCOURT

Estudios Sociales

Estados y regiones

Tarea y práctica

Harcourt
SCHOOL PUBLISHERS
www.harcourtschool.com

Printed in the United States of America

ISBN-13: 978-0-15-349701-8
ISBN-10: 0-15-349701-7

3 4 5 6 7 8 9 1410 16 15 14 13 12
4500377251

4500327736

HARCOURT

Estudios Sociales

Las actividades de este libro refuerzan los conceptos y las destrezas de estudios sociales de ***Harcourt Estudios Sociales: Estados y regiones***. Hay una actividad para cada lección y destreza. Además de las actividades, este libro contiene reproducciones de los organizadores gráficos de Resume el capítulo, que aparecen en los repasos de los capítulos de la Edición del estudiante. También se incluyen guías de estudio para que los estudiantes repasen. En la Edición del maestro aparecen copias de las páginas de actividades con sus respectivas respuestas.

Contenido

UNIDAD 2: EL NORESTE

Capítulo 4: Explorar el Noreste

Capítulo 5: El Noreste hoy

UNIDAD 3: EL SURESTE

Capítulo 6: Explorar el Sureste

Capítulo 7: El Sureste hoy

UNIDAD 4: EL MEDIO OESTE

UNIDAD 5: EL SUROESTE

UNIDAD 6: EL OESTE

Capítulo 12: Explorar el Oeste

Capítulo 13: El Oeste hoy

Nombre ______________________ Fecha ______________

¿Dónde está ubicado Estados Unidos?

INSTRUCCIONES Encierra en un círculo la palabra o la frase que hace verdadera cada oración.

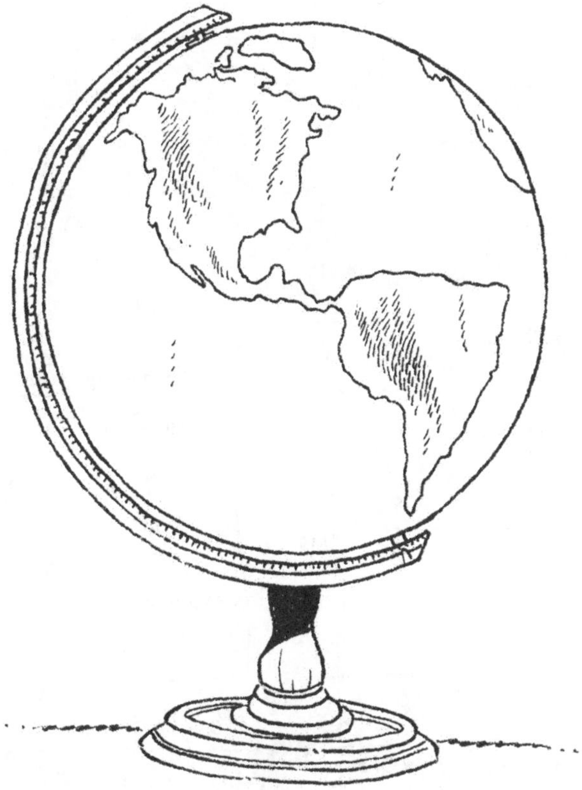

1. El ecuador divide la Tierra en el hemisferio norte y el hemisferio sur. / el hemisferio oriental y el hemisferio occidental.

2. Estados Unidos está ubicado en el hemisferio norte. / el hemisferio sur.

3. Estados Unidos está ubicado en el hemisferio oriental. / el hemisferio occidental.

4. Estados Unidos forma parte del continente de Asia. / América del Norte.

5. Puedes usar otros países para describir la ubicación relativa. / el primer meridiano.

6. La mayor parte de Estados Unidos se extiende al sur de México. / Canadá.

7. Estados Unidos comparte una gran parte de su frontera sur con México. / América del Sur.

8. El océano Pacífico / golfo de México forma la frontera oeste de Estados Unidos.

9. El océano Pacífico / océano Atlántico forma la frontera este de Estados Unidos.

10. El golfo de México / océano Atlántico forma parte de la frontera sur de Estados Unidos.

Nombre ______________________ Fecha ______________

Usar latitud y longitud

INSTRUCCIONES Usa el mapa del Sureste para completar la tabla que aparece en la página 3.

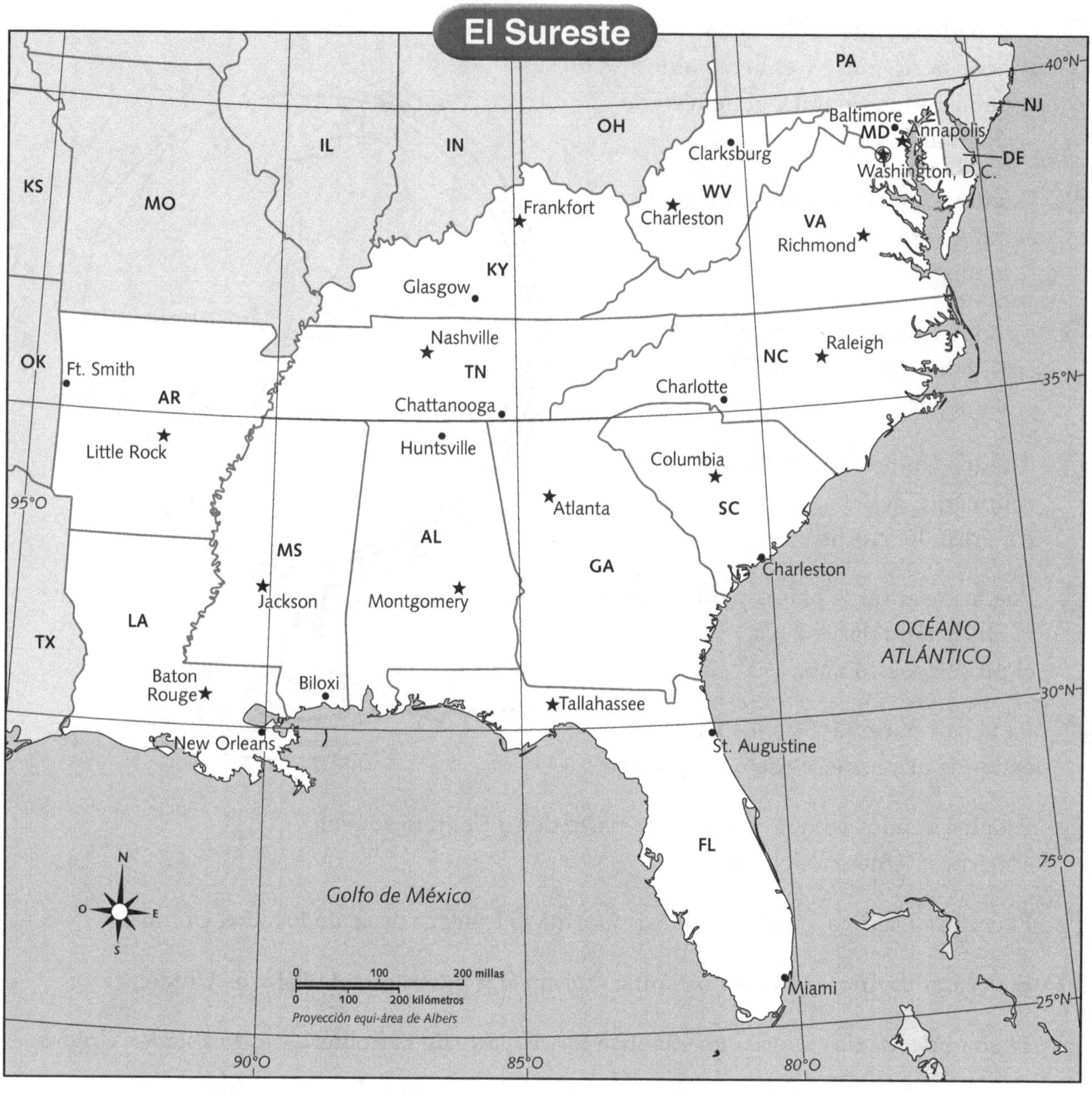

(sigue)

Usar después de leer el Capítulo 1, Lección de destreza, págs. 16–17.

Nombre ______________________ Fecha ______________

INSTRUCCIONES **Usa el mapa que aparece en la página 2 para completar la tabla. Para completar los números 1 a 5, escribe el nombre de la ciudad que está más cerca de la ubicación indicada. Para completar los números 6 a 10, usa las líneas de latitud y longitud más cercanas para indicar la ubicación de cada ciudad.**

Estado	Ciudad	Ubicación
1 Florida		30°N, 85°O
2 Kentucky		40°N, 85°O
3 Louisiana		30°N, 90°O
4 North Carolina		35°N, 80°O
5 Arkansas		35°N, 95°O
6 Mississippi	Biloxi	
7 West Virginia	Clarksburg	
8 Tennessee	Chattanooga	
9 Georgia	Atlanta	
10 Alabama	Huntsville	

Nombre ______________________ Fecha ______________

Paisajes de Estados Unidos

INSTRUCCIONES **Observa el mapa de abajo. Luego, responde las preguntas.**

Accidentes geográficos de Estados Unidos

¿Qué accidentes geográficos muestra el mapa?

1. ______________________
2. ______________________
3. ______________________
4. ______________________

5. Ubica New México en el mapa. ¿Qué accidentes geográficos tiene?

____

6. Ubica Alaska en el mapa. ¿Qué accidentes geográficos tiene?

____

(sigue)

Nombre ______________________ Fecha ______________

INSTRUCCIONES **Lee el nombre de cada lugar. Escribe *E* si el lugar está ubicado en el este de Estados Unidos, *C* si está ubicado en el centro de Estados Unidos y *O* si está ubicado en el oeste de Estados Unidos.**

1. ________ Llanuras Centrales
2. ________ Montañas Rocosas
3. ________ Llanura Costera
4. ________ Grandes Lagos
5. ________ Montes Apalaches
6. ________ Gran Cuenca
7. ________ Río Mississippi
8. ________ Meseta de Ozark
9. ________ Grandes Llanuras
10. ________ Monte McKinley

Nombre ______________________ Fecha ______________

Usar un mapa de altitud

INSTRUCCIONES Observa el mapa de North Carolina. Luego, usa el mapa para completar la actividad.

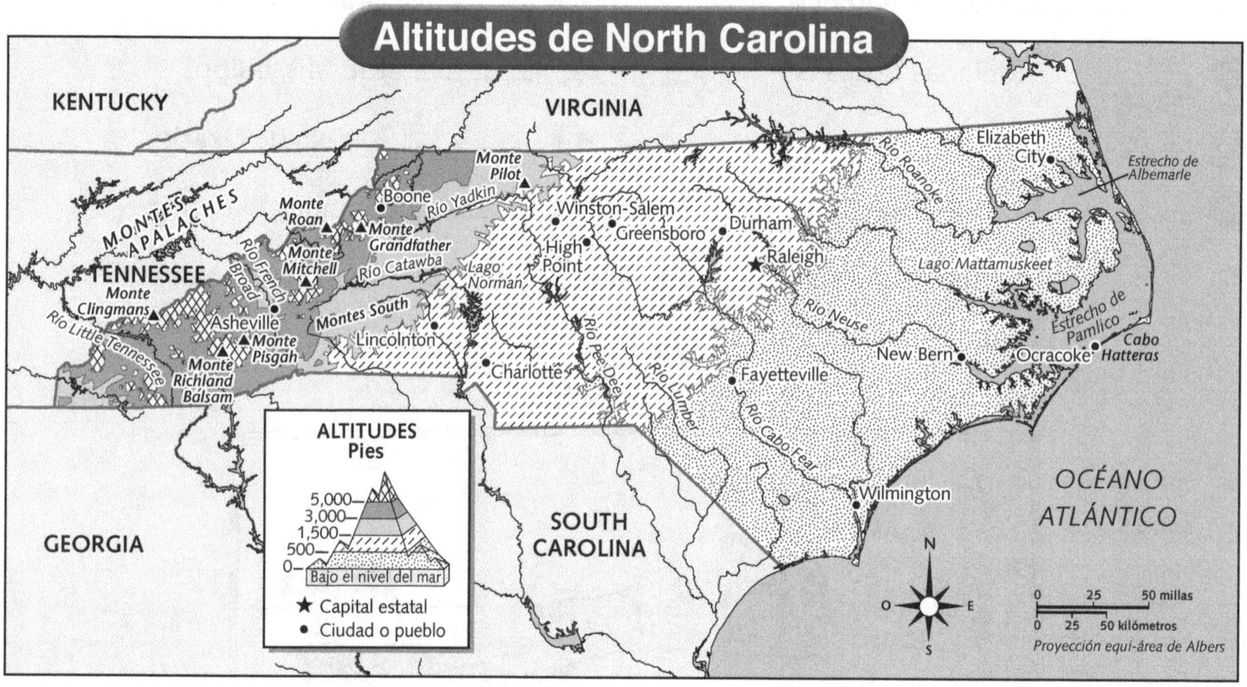

INSTRUCCIONES Usa el mapa para relacionar cada lugar con la letra correspondiente a su altitud.

1. ________ Charlotte
2. ________ Boone
3. ________ Fayetteville
4. ________ Monte Mitchell
5. ________ Monte Pilot

a. 0–500 pies
b. 500–1,500 pies
c. 1,500–3,000 pies
d. 3,000–5,000 pies
e. más de 5,000 pies

Nombre ______________________ Fecha ______________

El clima de Estados Unidos

INSTRUCCIONES Usa las pistas para completar el crucigrama de palabras de vocabulario.

HORIZONTALES

4. Agua que cae sobre la superficie terrestre en forma de lluvia, aguanieve o nieve

5. A causa de ella, cuanto más te elevas sobre el nivel del mar, más bajas son las temperaturas

6. Calientan la tierra cercana a las costas durante el invierno y la enfrían durante el verano

8. Los océanos la añaden al aire

VERTICALES

1. Qué tan cálido o frío está el aire

2. El tipo de tiempo que tiene un lugar durante un largo período

3. La temperatura, precipitación y viento que tienen lugar durante un día determinado

7. Cuanto más cerca de allí está un lugar, más caluroso es su clima

Nombre ____________________ Fecha ____________

Leer una gráfica lineal

INSTRUCCIONES Observa la gráfica lineal que muestra las temperaturas promedio en el lado norte del Gran Cañón. Luego, responde las preguntas.

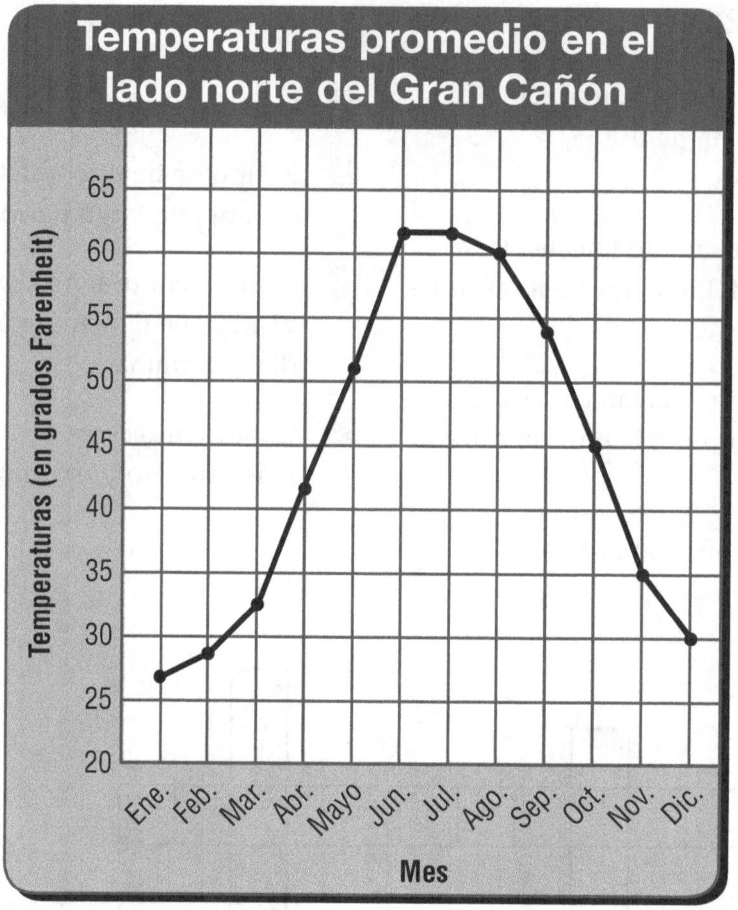

1. ¿Cuál es el mes más frío? ____________

2. ¿Qué dos meses tienen la misma temperatura promedio? ____________

3. ¿Cuál es la temperatura promedio en agosto? ____________

4. ¿Qué mes es más frío, octubre o abril? ____________

5. ¿Qué mes es más cálido, diciembre o febrero? ____________

6. ¿Cuántos grados es más frío noviembre que octubre? ____________

7. ¿Cuántos grados es más cálido junio que enero? ____________

Nombre ______________________ Fecha ______________

Recursos naturales

INSTRUCCIONES Escribe dos maneras en que los seres humanos usan cada recurso de la tabla.

Recursos naturales	Usos de los seres humanos
Árboles	1 ______
	2 ______
Agua	3 ______
	4 ______
Minerales	5 ______
	6 ______
Combustibles	7 ______
	8 ______

INSTRUCCIONES Usa lo que has aprendido acerca de los recursos naturales para completar la tabla de abajo. Escribe los términos del banco de palabras en la columna que corresponde.

carbón	cobre	peces	piedra caliza	ganado
gas natural	petróleo	plantas	suelo	agua

Recursos renovables	Recursos no renovables

Usar después de leer el Capítulo 1, Lección 4, págs. 32–36.

Capítulo 1

Nombre ______________________ Fecha ______________

Guía de estudio

INSTRUCCIONES Usa los términos del recuadro de abajo para completar la información que falta en estos párrafos acerca de la geografía, el clima y los recursos de Estados Unidos.

Lección 1	**Lección 2**	**Lección 3**	**Lección 4**
continente	meseta	precipitación	no renovables
hemisferio	fuente	clima	conservación
ecuador	accidentes geográficos	humedad	minerales
frontera	desembocadura		renovables

Lección 1 El ______________________ rodea la Tierra a mitad de camino entre el Polo Norte y el Polo Sur. Como Estados Unidos se encuentra al norte del Ecuador, está ubicado en el ______________________ norte. Nuestra nación forma parte del ______________________ de América del Norte. La mayor parte de Estados Unidos se extiende al sur de Canadá. Estados Unidos comparte la mayor parte de su ______________________ sur con México.

Lección 2 Estados Unidos tiene una gran variedad de ______________________, como montañas, llanuras y cuencas. La ______________________ de Ozark es una zona elevada de tierras planas que se sitúa en las llanuras del Interior. El río Mississippi también atraviesa las llanuras del Interior. Tiene su ______________________ en un pequeño lago de Minnesota. Su ______________________ está en el golfo de México.

(sigue)

Nombre ______________________________ Fecha ______________

Lección 3 El tipo de tiempo que tiene un lugar durante un largo período es su ______________. La temperatura es una manera de describir el clima. La cantidad de agua que cae, es decir, la ______________, es otra manera de describir el clima. La ______________ que los océanos añaden al aire también forma parte del clima de un lugar.

Lección 4 Estados Unidos cuenta con muchos recursos naturales diferentes. Algunos son recursos ______________. Esto significa que pueden reemplazarse. Otros recursos no pueden reemplazarse. El oro, la plata y otros ______________ son recursos ______________. Las personas practican la ______________ para evitar que los recursos no renovables se agoten.

Nombre ______________________ Fecha ______________

Resume el capítulo

Destreza clave

IDEA PRINCIPAL Y DETALLES

INSTRUCCIONES **Completa este organizador gráfico para mostrar que comprendes las ideas principales y los detalles acerca de la geografía de Estados Unidos.**

Idea principal

Estados Unidos tiene una gran diversidad de accidentes geográficos, climas y recursos naturales.

Detalles

Geografía	Clima	Recursos naturales

Usar después de leer el Capítulo 1, págs. 10–39.

Nombre ______________________ Fecha ______________

El pueblo estadounidense

INSTRUCCIONES **Escribe los términos del banco de palabras en la columna que corresponde.**

lema	patriotismo	religiones
monumentos	el lugar donde vivimos	nuestro lugar de origen
culturas	inmigración	días festivos

Estadounidenses: Factores de diversidad	Estadounidenses: Factores de unión

INSTRUCCIONES **Escribe un párrafo que describa algunos factores que unen a los estadounidenses. Explica de qué manera nos unen esos factores.**

Nombre ______________________ Fecha ______________

El gobierno de Estados Unidos

INSTRUCCIONES Encierra en un círculo el término o la frase que hace verdadera cada oración.

1. La constitución es
la ley suprema de nuestra nación. / el poder legislativo de nuestro gobierno.

2. El gobierno de Estados Unidos tiene
tres poderes. / cuatro poderes.

3. El sistema de equilibrio de poderes impide que
el gobierno se quede sin dinero. /
uno de los poderes del gobierno tenga demasiada autoridad.

4. La función principal del poder ejecutivo es
elegir al presidente. / poner en práctica las leyes.

5. La función principal del poder judicial es
asegurar que las leyes estén de acuerdo con la Constitución. /
designar a los jueces de la Corte Suprema.

6. Los estados con mayor población tienen
más senadores. / más representantes.

7. La Corte Suprema de Estados Unidos se compone de
tres jueces. / nueve jueces.

8. En una democracia,
el pueblo elige a sus líderes. /
el presidente tiene poder ilimitado.

9. Los votantes eligen presidente cada
dos años. / cuatro años.

10. La función principal del poder legislativo es poner en práctica las leyes. / crear leyes.

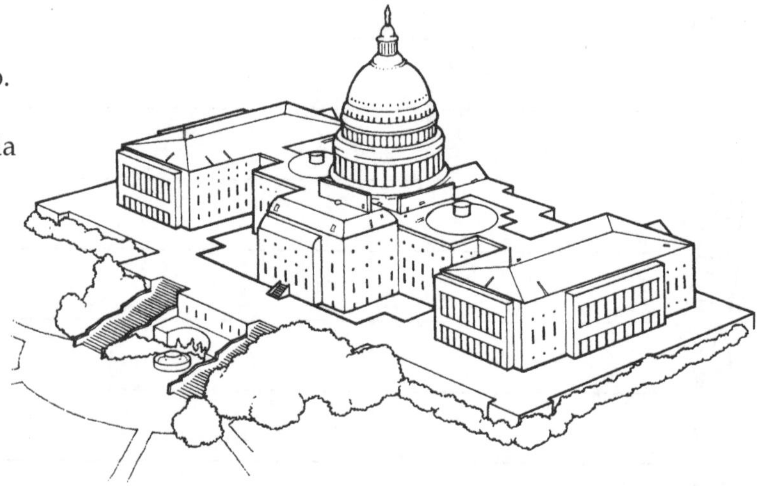

(sigue)

Nombre ____________________ Fecha ____________

INSTRUCCIONES Los ciudadanos estadounidenses gozan de ciertos derechos, o libertades. Escribe una oración que describa cómo puede usarse cada uno de los siguientes derechos.

1. La libertad de expresión

____

____

2. La libertad de reunión en lugares públicos

____

____

3. La libertad de prensa

____

____

4. El derecho a elegir a sus líderes

____

____

5. El derecho a un juicio con jurado ____________

____

____

6. El derecho a peticionar al gobierno

____

____

Nombre ______________________________ Fecha ________________

La economía de Estados Unidos

INSTRUCCIONES Usa las pistas para hallar los términos de vocabulario ocultos en la sopa de letras. Los términos pueden aparecer en forma vertical, horizontal o diagonal. Encierra tus respuestas en un círculo.

1. El dinero que le queda a un negocio después de pagar todos sus gastos
2. Fabricar productos
3. Sistema en que el gobierno ejerce poco control sobre las actividades económicas
4. Todo lo que la gente produce, compra y vende
5. Industria en la que las personas reciben dinero por hacer algo para otras personas
6. Este recurso está formado por los trabajadores
7. La cantidad de un producto o un servicio que la gente quiere y está dispuesta a pagar
8. Este recurso está formado por el dinero, las edificaciones y las maquinarias
9. La cantidad disponible de un producto o servicio
10. Estos factores incluyen recursos naturales, humanos y de capital

H	M	L	I	B	R	E	M	E	R	C	A	D	O
D	G	A	K	N	D	I	O	E	C	U	N	C	M
E	C	O	N	O	M	Í	A	W	P	R	K	A	I
M	O	L	A	U	C	L	O	H	Y	N	A	P	J
S	F	P	A	D	F	N	C	S	A	M	G	I	A
N	E	G	G	A	N	A	N	C	I	A	N	T	U
D	R	R	D	Y	W	I	C	S	A	L	R	A	I
E	T	P	V	O	D	U	C	T	I	O	N	L	B
M	A	J	C	I	Y	G	A	R	U	N	V	R	A
A	L	N	Ó	I	C	C	U	D	O	R	P	C	W
N	Y	W	A	E	O	I	S	Y	T	S	A	H	P
D	D	H	U	M	A	N	O	S	U	M	A	R	R
A	J	O	M	O	A	Z	P	S	L	E	H	I	G

Usar después de leer el Capítulo 2, Lección 3, págs. 58–63.

Nombre ______________________ Fecha ______________

Tomar decisiones económicas

INSTRUCCIONES Imagina que tienes 10 dólares y quieres ver una película. Tienes dos opciones: ir al cine y gastar tu dinero o mirar un DVD en casa y ahorrar tu dinero. Sigue los pasos de abajo para tomar una decisión económica.

cine

película en DVD

Paso 1: Haz una lista de tus opciones. ¿Qué opciones tienes para ver una película?

____

____

Paso 2: Piensa en el dinero. ¿Cuánto dinero tienes? ¿Cuánto gastarías en cada una de tus opciones?

____

____

____

Paso 3: Piensa en el intercambio de beneficios y los costos de oportunidad.
¿Cuál es el intercambio de beneficios de cada decisión?

____

____

¿Cuáles son los costos de oportunidad de cada decisión?

____

____

Paso 4: Toma una decisión económica. ¿Qué decidirías hacer? ¿Por qué tomarías esa decisión?

____

____

Capítulo 2

Nombre ______________________ Fecha ______________

Guía de estudio

INSTRUCCIONES Selena escribe un correo electrónico para su primo, que vive en México y desea saber algunas cosas acerca de Estados Unidos. Escribe los términos del recuadro en los espacios en blanco para completar la carta de Selena.

Lección 1	**Lección 2**	**Lección 3**
cultura	constitución	factores de producción
inmigrantes	democracia	ganancia
urbanas	poder ejecutivo	manufactura
suburbio	poder judicial	libre mercado
rurales	gobierno por mayoría	industria de servicios

Lección 1 Querido Enrique:

Me hiciste algunas preguntas acerca de Estados Unidos. Trataré de responderlas lo mejor que pueda.

En Estados Unidos hay granjas y ciudades. En el pasado, la mayoría de los estadounidenses vivía en áreas ______________________. Pero hoy en día, la mayoría vive en áreas ______________________. Yo vivo en un ______________________, es decir, un pueblo que se encuentra cerca de una gran ciudad.

Como ya sabes, todos los años Estados Unidos recibe muchos ______________________. Cuando la gente viene a vivir aquí, trae su ______________________. Por ejemplo, en mi pueblo muchos celebran los días festivos de Estados Unidos y también los de México.

(sigue)

Nombre ________________ Fecha ________

Lección 2 El gobierno de Estados Unidos está basado en una ________________. El gobierno tiene tres poderes. El poder legislativo crea las leyes. El ________________ pone en práctica esas leyes. El ________________ asegura que las leyes estén de acuerdo con la Constitución.

Estados Unidos es una ________________, en la que el pueblo elige a sus líderes. Las decisiones se toman según el sistema de ________________. La persona o la idea que obtiene más votos es la que gana.

Lección 3 También me preguntaste acerca de la economía de Estados Unidos. Este país tiene una economía de ________________. El gobierno ejerce muy poco control sobre las actividades económicas. Los ________________, que incluyen los recursos naturales y los recursos de capital, pertenecen a las personas. El objetivo de la mayoría de los negocios es obtener una ________________. Las ________________, como los servicios de reparaciones y los servicios de salud, son la parte más importante de nuestra economía. Sin embargo, Estados Unidos también es líder en la ________________ de muchos productos.

Espero haber respondido todas tus preguntas. Escríbeme pronto.

Tu prima,
Selena

Nombre ______________________ Fecha ______________

Resume el capítulo

Destreza clave IDEA PRINCIPAL Y DETALLES

INSTRUCCIONES Completa este organizador gráfico para mostrar que comprendes las ideas importantes y los detalles acerca del pueblo, el gobierno y la economía de Estados Unidos.

Idea principal

Estados Unidos es una nación diversa.

Detalles

Personas	Gobierno	Economía

 Usar después de leer el Capítulo 2, págs. 40–67.

Nombre ______________________ Fecha ______________

Comprender las regiones

INSTRUCCIONES Lee las oraciones de abajo. Luego, escribe *política, física, económica* o *cultural* para mostrar que sabes qué tipo de región describe cada oración.

1. ______________ La mayoría de los habitantes de esta región hablan alemán como segunda lengua.
2. ______________ La mayoría de los habitantes de esta región son agricultores.
3. ______________ Esta región está cubierta de espesos bosques.
4. ______________ Esta región tiene montañas y valles.
5. ______________ Esta región se encuentra en el sureste de Missouri.
6. ______________ La mayoría de los habitantes de esta región son indígenas.
7. ______________ La principal industria de esta región es la extracción de petróleo.
8. ______________ Esta región tiene clima cálido y seco.
9. ______________ Estados Unidos forma parte de esta región.
10. ______________ Muchos habitantes de esta región celebran el Año Nuevo Chino.

Nombre ______________________ Fecha ______________

Leer un mapa de recursos y usos de la tierra

INSTRUCCIONES Observa este mapa de recursos y usos de la tierra del Sureste. Luego, responde las preguntas.

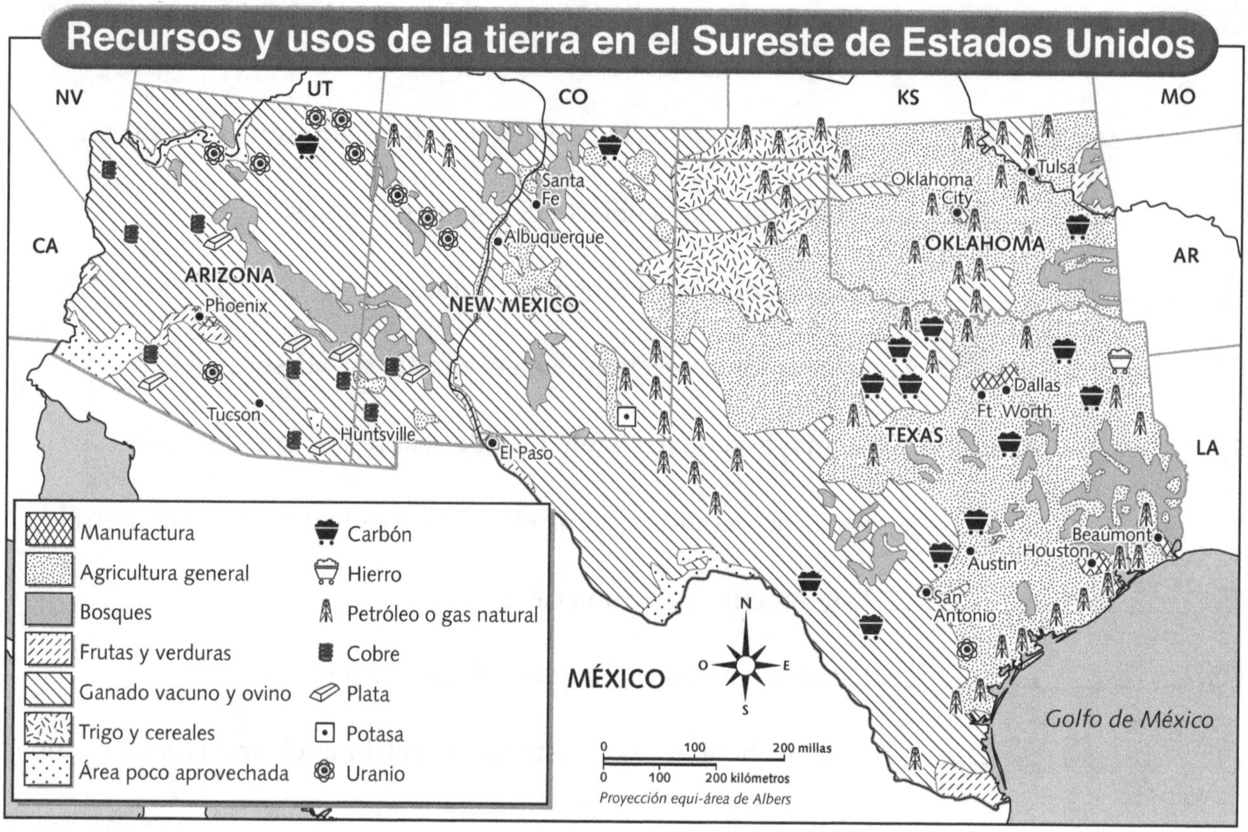

INSTRUCCIONES Usa el mapa para responder las preguntas.

1. ¿Cómo se muestran los diferentes recursos en este mapa?

____

2. ¿Cómo se muestran los diferentes usos de la tierra en este mapa?

____

3. ¿Cómo se usa la tierra en las zonas donde hay carbón?

____

____

(sigue)

Nombre ______________________ Fecha ______________

INSTRUCCIONES **Usa el mapa que aparece en la página 22 para responder las preguntas.**

1. ¿Cuáles son los principales centros manufactureros de Oklahoma?

____

2. ¿Qué recursos hay en el sureste de New Mexico?

____

3. ¿Qué estado del Sureste usa la mayor parte de su tierra para la agricultura general?

____

4. ¿Qué estado usa menos tierra para el pastoreo de vacas y ovejas?

____

5. ¿Qué recursos se concentran principalmente en Arizona?

____

6. ¿Cómo se usa la mayor parte de la tierra en New México?

____

7. ¿Cómo se usa la mayor parte de la tierra cerca de Phoenix?

____

8. ¿Cómo se usa la mayor parte de la tierra cerca de Santa Fe?

____

Nombre ______________________ Fecha ______________

Regiones de Estados Unidos

INSTRUCCIONES Usa lo que has aprendido acerca de las regiones de Estados Unidos para rotular el mapa de abajo.

INSTRUCCIONES Lee las oraciones de abajo. Decide si cada afirmación es verdadera (V) o falsa (F).

1. ______ Estados Unidos está formado por 51 estados.
2. ______ Washington, D.C., es la capital de Estados Unidos.
3. ______ Casi todos los estados están divididos en regiones políticas llamadas condados.
4. ______ El centro del gobierno del condado recibe el nombre de municipio del condado.
5. ______ El gobierno de una ciudad también es llamado gobierno municipal.
6. ______ Cada estado tiene una ciudad capital.
7. ______ Un gobernador encabeza el poder ejecutivo del gobierno de una ciudad.
8. ______ Los gobiernos estatales se encargan de supervisar el servicio postal.

(sigue)

Nombre ______________________________ Fecha ________________

INSTRUCCIONES **Cada estado de Estados Unidos puede dividirse en regiones más pequeñas, como condados y municipios. Sigue los pasos de abajo para crear un mapa de las regiones políticas de tu estado.**

____

1. Titula el mapa con el nombre de tu estado en el espacio en blanco.
2. Traza el contorno de tu estado dentro del recuadro.
3. Incluye las ciudades y los pueblos más importantes, como la ciudad capital.
4. Ubica tu condado en el estado.
5. Dibuja y rotula tu condado.
6. Ubica y rotula tu ciudad o pueblo.
7. Dibuja una clave del mapa.

Nombre ______________________________ Fecha ______________

Países vecinos

INSTRUCCIONES Escribe el nombre de cada vecino de Estados Unidos bajo el mapa que corresponda.

Canadá	Región del Caribe	América Central
Groenlandia	México	

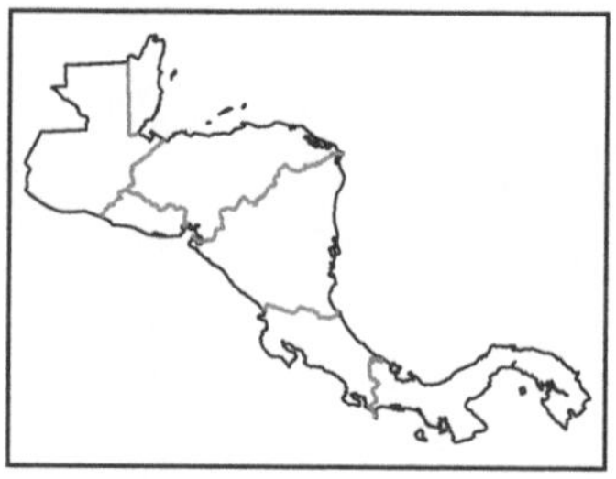

1 ______________ 2 ______________ 3 ______________

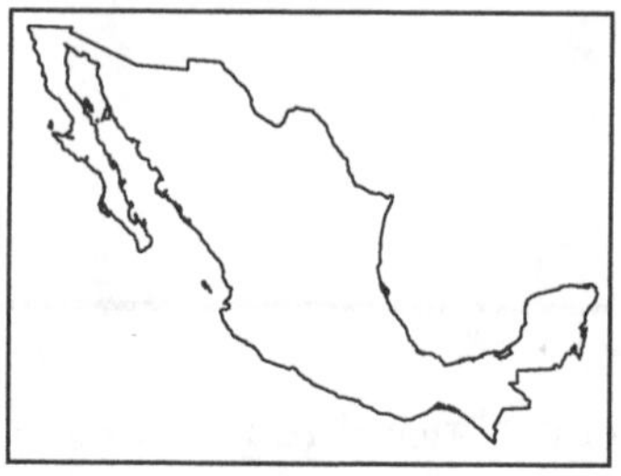

4 ______________ 5 ______________

(sigue)

Usar después de leer el Capítulo 3, Lección 3, págs. 84–89.

Nombre ____________________ Fecha ____________

INSTRUCCIONES Usa los términos del banco de palabras para completar el esquema acerca de los vecinos de Estados Unidos.

países	estados	estado libre asociado
Dinamarca	tundra	océanos
español	provincias y territorios	accidentes geográficos y vías por agua
islas		

I. Canadá

A. Su territorio está dividido en regiones políticas llamadas ____________________.

B. Comparte algunos ____________________ con Estados Unidos.

II. México

A. Al igual que Estados Unidos, México está dividido en ____________________.

B. Su idioma oficial es el ____________________.

III. América Central

A. Está dividida en siete ____________________.

B. Es una estrecha franja de tierra entre dos ____________________.

IV. La región del Caribe

A. Está formada por cientos de ____________________.

B. Puerto Rico es un ____________________ de Estados Unidos.

V. Groenlandia

A. Es la isla más grande del mundo y es un territorio de ____________________.

B. Casi toda su superficie es una ____________________.

Capítulo 3

Nombre ______________________ Fecha ______________

Guía de estudio

INSTRUCCIONES Jared está escribiendo un informe acerca de las regiones. Escribe los términos del recuadro en los espacios en blanco para completar el informe de Jared.

Lección 1	**Lección 2**	**Lección 3**
interdependencia	tratado	bosque tropical
región	municipal	estado libre asociado
tecnología	condado	tundra
modificar	capital del condado	trópicos
vegetación natural		territorios
		provincias

Lección 1 Una ______________________ es una zona que tiene al menos una característica que la diferencia del resto. Las personas han dividido al mundo en muchos tipos de regiones. Las regiones físicas se basan en características naturales como los accidentes geográficos, el clima o la ______________________. Otros tipos de regiones son las regiones políticas, las regiones económicas y las regiones culturales.

Las personas cambian y conectan las regiones. Las personas ______________________ las regiones cuando despejan terrenos para practicar la agricultura. Para conectar las regiones se usan computadoras y otros tipos de ______________________.

Las regiones dependen unas de otras. Un ejemplo de ______________________ es que los habitantes de las regiones urbanas dependen de los alimentos que se producen en las regiones agrícolas.

(sigue)

Nombre ______________________________ Fecha ______________

Lección 2 Cada estado de Estados Unidos constituye una región política. Casi todos los estados están divididos en regiones más pequeñas llamadas ______________________. El centro del gobierno del condado recibe el nombre de ______________________. Las ciudades son otro tipo de región política. Cada ciudad establece su propio gobierno ______________________.

Cada nivel de gobierno tiene una responsabilidad diferente. Los gobiernos estatales y locales supervisan las autopistas y las escuelas. Los condados se encargan de organizar las elecciones locales. Solo el gobierno nacional puede firmar un ______________________.

Lección 3 Canadá y México son los vecinos más cercanos de Estados Unidos. Canadá se divide en ______________________ y ______________________. México se divide en estados.

América Central y las islas del Caribe también forman parte de América del Norte. Ambas regiones están ubicadas en los ______________________ y tienen clima cálido durante todo el año. Los ______________________ cubren la mayor parte de la superficie de estas dos regiones. América Central está dividida en siete países. Algunas islas del Caribe forman parte de otros países. Por ejemplo, Puerto Rico es un ______________________ de Estados Unidos.

Groenlandia, la isla más grande del mundo, también forma parte de América del Norte. Se encuentra tan al norte que casi toda su superficie es una ______________________.

Nombre ______________________________ Fecha ______________

Resume el capítulo

Destreza clave

IDEA PRINCIPAL Y DETALLES

INSTRUCCIONES **Completa este organizador gráfico para mostrar que comprendes las ideas principales y los detalles acerca de las regiones de Estados Unidos.**

Idea principal

Un lugar puede formar parte de muchos tipos de regiones.

Detalles

Regiones físicas	Regiones políticas	Regiones económicas o culturales

Usar después de leer el Capítulo 3, págs. 68–91.

Nombre ______________________ Fecha ______________

La geografía del Noreste

INSTRUCCIONES Lee las oraciones acerca de la geografía del Noreste. Decide si cada afirmación es verdadera *(V)* o falsa *(F)*.

1. _____ El Noreste es la región física más grande de Estados Unidos.
2. _____ Los montes Apalaches atraviesan la parte oeste de la región.
3. _____ Los glaciares tallaron cuencas que se llenaron de agua y formaron lagos.
4. _____ En el Noreste los veranos son por lo general cálidos y secos.
5. _____ La región es más fría en el norte y más cálida en el sur.
6. _____ El clima de las zonas costeras es más frío que el del interior.
7. _____ La cría de ganado vacuno es una industria importante en el Noreste.
8. _____ En todos los estados de la región hay canteras.
9. _____ El jarabe de arce se hace con la savia que se recoge de los árboles.
10. _____ La pesca es una industria importante para los habitantes de la costa del Noreste.

Nombre ______________________________ Fecha ______________

Principios de la historia del Noreste

INSTRUCCIONES **Responde las preguntas acerca de los primeros habitantes del Noreste.**

1. ¿Cuáles eran tres tribus indígenas que habitaban en el Noreste?

____

____

2. ¿Cuáles eran tres alimentos silvestres que recolectaban estos grupos?

____

____

3. ¿Cuáles eran tres cultivos que sembraban?

____

____

4. ¿Para qué usaban la madera los indígenas del Noreste?

____

____

5. ¿Cómo funcionaba la confederación de los iroqueses?

____

____

____

____

(sigue)

Nombre ______________________________ Fecha ______________

INSTRUCCIONES **Numera las oraciones de abajo de 1 a 10 para mostrar el orden correcto en que sucedieron los acontecimientos.**

______ Trece colonias inglesas se extendían a lo largo de la costa del Atlántico.

______ Los europeos comenzaron la exploración del Noreste.

______ Los líderes coloniales firmaron la Declaración de la Independencia.

______ Los indígenas eran los únicos habitantes del Noreste.

______ Henry Hudson remontó lo que hoy es el río Hudson.

______ Un tratado de paz puso fin oficialmente a la guerra.

______ Los colonos vencieron a los británicos.

______ Gran Bretaña comenzó a aprobar nuevas leyes de impuestos para las colonias.

______ Comenzó la lucha entre colonos y soldados británicos.

______ Puritanos y cuáqueros construyeron asentamientos en el Noreste.

Nombre ______________________ Fecha ______________

Leer una línea cronológica

INSTRUCCIONES Estudia la lista de acontecimientos que ocurrieron en el Noreste entre 1600 y 1800. Luego, usa la lista para completar la línea cronológica de la página 35.

1609 El explorador Henry Hudson navega a lo largo de la costa del Noreste.

1630 Los colonos ingleses construyen un asentamiento llamado Boston.

1664 Inglaterra toma el control de las tierras holandesas y cambia el nombre de la colonia, llamándola New York.

1710 Philadelphia se convierte en la ciudad más grande de las colonias inglesas.

1733 Gran Bretaña tiene 13 colonias a lo largo de la costa del Atlántico.

1765 El gobierno de Gran Bretaña aprueba nuevos impuestos para las colonias.

1773 Colonos disfrazados de indígenas organizan el Motín del Té de Boston.

1775 Comienza la Revolución Americana.

1776 Los líderes coloniales redactan la Declaración de la Independencia.

1783 Un tratado de paz pone fin a la Revolución Americana.

1787 Se redacta en Philadelphia la Constitución de Estados Unidos.

(sigue)

Nombre ______________________ Fecha ______________

INSTRUCCIONES **Escribe cada acontecimiento y su fecha en el lugar correcto de la línea cronológica. Abajo se da un ejemplo.**

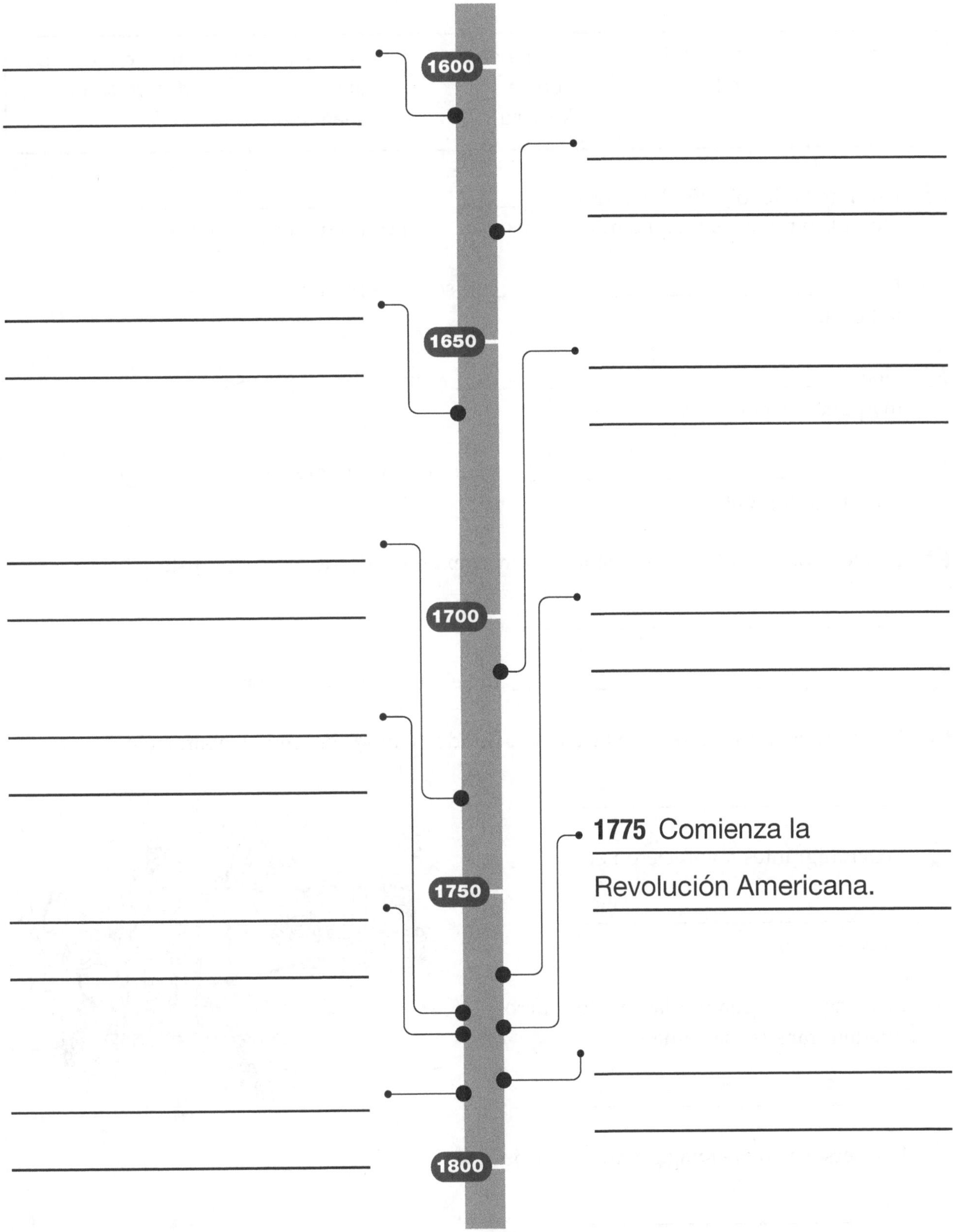

Nombre ______________________________ Fecha ________________

El crecimiento del Noreste

INSTRUCCIONES Completa los espacios en blanco de las oraciones de abajo. Usa los términos y nombres del recuadro.

canales	Thomas Edison	carreteras de peaje	fábricas de tejidos	motores de vapor
vías por agua	isla Ellis	Virginia	Alexander Graham Bell	desarrollo urbano

1. Durante la Revolución Industrial, los ______________________________ reemplazaron a las maquinarias que usaban agua como fuente de energía.

2. Los ______________________________ son vías por agua excavadas en la tierra.

3. Una ______________________________ es una fábrica que usa maquinarias para tejer tela.

4. ______________________________ inauguró la primera central de energía eléctrica del mundo.

5. La megalópolis más grande de la nación se extiende desde New Hampshire hasta ______________________________.

6. ______________________________ fue el inventor del teléfono.

7. Millones de inmigrantes que llegaban a Estados Unidos desembarcaban en la ______________________________.

8. Los inmigrantes favorecieron el ______________________________ en el Noreste.

9. Las masas de agua por las que los barcos pueden transitar se llaman ______________________________.

10. Las personas deben pagar para viajar por las ______________________________.

(sigue)

Nombre ______________________ Fecha ______________

INSTRUCCIONES **La gráfica de barras de abajo muestra de dónde venían la mayoría de los inmigrantes que llegaron a Estados Unidos entre 1841 y 1900. Observa la gráfica y luego responde las preguntas.**

1. ¿De dónde vino la mayor cantidad de inmigrantes?

____

2. ¿De qué dos lugares vinieron menos inmigrantes?

____

3. ¿Aproximadamente cuántos inmigrantes vinieron de Gran Bretaña?

____

4. ¿Aproximadamente cuántos inmigrantes más vinieron de Alemania que de Irlanda?

____

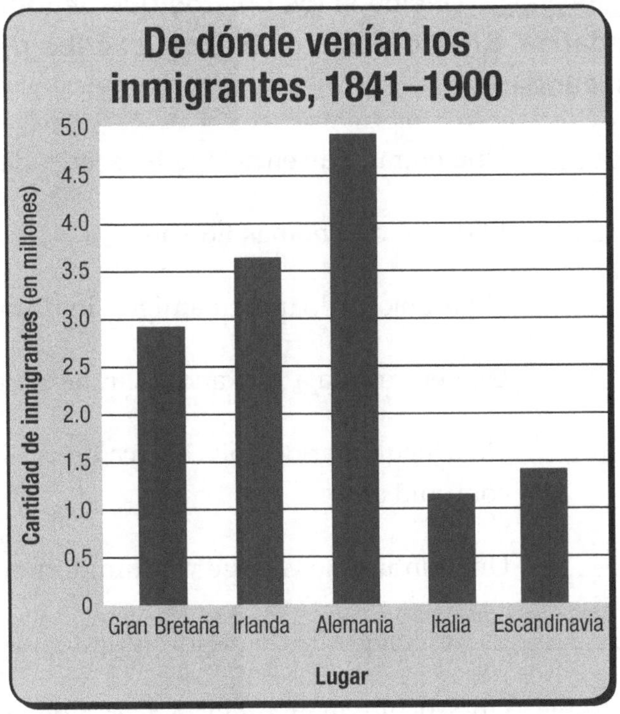

5. ¿De qué lugar vino aproximadamente el doble de inmigrantes que de Escandinavia?

____

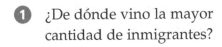

Isla Ellis

Nombre ______________________________ Fecha ______________

Comparar fuentes primarias y secundarias

INSTRUCCIONES Decide si los objetos que se indican abajo son fuentes primarias o secundarias. En el espacio en blanco, escribe *(P)* para una fuente primaria o *(S)* para una secundaria.

1. ______ Una entrada de enciclopedia acerca del Noreste
2. ______ El diario de Thomas Edison
3. ______ Un dibujo de lo que tu amigo vio durante su visita a Philadelphia
4. ______ Una entrevista a Alexander Graham Bell acerca de su invento
5. ______ Un artículo periodístico acerca de la historia de la fábrica de tejidos de tu comunidad
6. ______ Una pintura de George Washington, realizada en 2006
7. ______ La autobiografía de un inmigrante que desembarcó en la ciudad de New York
8. ______ Un artículo de una revista acerca de la Revolución Industrial
9. ______ La carta de una inmigrante a su familia en Francia
10. ______ Un cuento sobre los colonos, en tu libro de Estudios Sociales

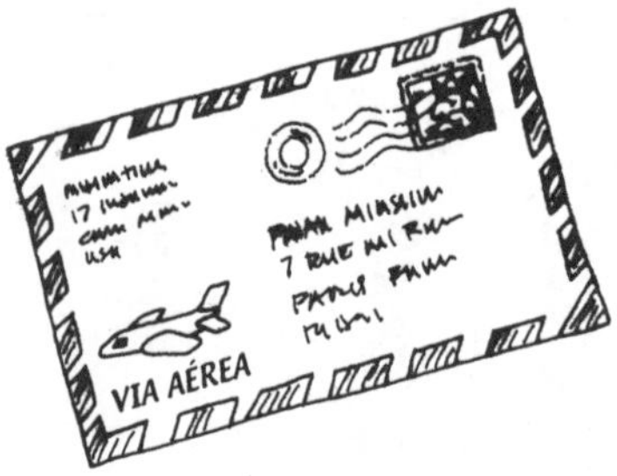

(sigue)

Nombre ______________________ Fecha ____________

INSTRUCCIONES **Imagina que tu clase debe escribir la historia de tu escuela. Haz una lista de 3 fuentes primarias y 3 fuentes secundarias que podrían usar.**

Fuentes primarias

1 ______________________

____

2 ______________________

____

3 ______________________

____

Fuentes secundarias

1 ______________________

____

2 ______________________

____

3 ______________________

____

Capítulo 4

Nombre ______________________ Fecha ______________

Guía de estudio

INSTRUCCIONES Usa los términos del recuadro de abajo para completar la información que falta en estos párrafos acerca del Noreste.

Lección 1	**Lección 2**	**Lección 3**
ventiscas	revolución	navegable
glaciares	declaración	áreas metropolitanas
canteras	colonos	canales
puertos naturales	independencia	Revolución Industrial
	confederación	fábricas de tejidos
	puertos	

Lección 1 El Noreste tiene una gran variedad de paisajes y un clima que cambia con las estaciones. Durante uno de los períodos glaciales, los ______________________ tallaron cuencas en el suelo. Algunas de esas cuencas se convirtieron en lagos. A lo largo de la costa hay muchos ______________________ donde los barcos pueden atracar sin peligro. El Noreste también tiene llanuras, colinas, valles y montañas. Algunas zonas tienen grandes depósitos de granito y mármol. En todos los estados de la región hay ______________________. Durante el verano, el Noreste es cálido y lluvioso. En invierno, las ______________________ producen intensas nevadas.

(sigue)

Nombre ______________________ Fecha ______________

Lección 2 Miles de años antes de la llegada de los colonos, los indígenas ya vivían en el Noreste. Cinco tribus iroquesas formaron una ______________ para dejar de luchar entre sí.

La mayoría de los colonos del Noreste provenían de Inglaterra. Construyeron colonias con importantes ______________, como Boston y la ciudad de New York. En 1775, los ______________ se disgustaron con sus gobernantes británicos. Eso marcó el comienzo de una ______________. Al año siguiente, los líderes coloniales firmaron una ______________ donde afirmaban que querían gobernarse a sí mismos. En 1783, las colonias ganaron la guerra y obtuvieron su ______________.

Lección 3 El Noreste tiene muchos ríos ______________. Durante el siglo XIX, se construyeron ______________ para conectar esas vías por agua. Las nuevas fuentes de energía originaron la ______________. Con las nuevas maquinarias, los bienes se producían más rápido que nunca. Millones de inmigrantes se quedaron en el Noreste para trabajar en las ______________ y otras industrias. Los suburbios crecieron alrededor de las ciudades, creando grandes ______________.

Nombre ______________________ Fecha ______________

Resume el capítulo

Destreza clave CAUSA Y EFECTO

INSTRUCCIONES Completa este organizador gráfico para mostrar que comprendes las causas y los efectos del crecimiento del Noreste.

Causa		Efecto
Se encontraron nuevas fuentes de energía para hacer funcionar las maquinarias.	→	______________________
______________________	→	Durante el siglo XIX y principios del siglo XX, la población de las ciudades del Noreste creció.

Usar después de leer el Capítulo 4, págs. 108–135.

Nombre ______________________________ Fecha ______________

Los estados de New England

INSTRUCCIONES Lee las descripciones. Luego, escribe en el espacio en blanco la letra que corresponde a cada persona, lugar o cosa.

1. ______ describió cómo era crecer en un pueblo de New England
2. ______ la ciudad más grande de New England
3. ______ una persona que se presenta a elecciones para ocupar un cargo público
4. ______ método que se usa para registrar los votos
5. ______ ciudad hermana de Hartford, en Connecticut
6. ______ escribió poemas sobre New England
7. ______ estado donde se encuentra la ciudad más grande de la región
8. ______ una persona que trabaja sin recibir paga
9. ______ el puerto más importante de New England
10. ______ el único estado de New England que no limita con el océano Atlántico

a. boleta electoral
b. Vermont
c. Boston
d. Robert Frost
e. Portland
f. voluntario
g. Massachusetts
h. Hertford, Inglaterra
i. candidato
j. Louisa May Alcott

Nombre ______________________________ Fecha ________________

Los estados del Atlántico Medio

INSTRUCCIONES Rellena el círculo correspondiente a la ciudad o ciudades que concuerde mejor con cada descripción. Puedes rellenar más de un círculo.

	Ciudad de New York	Philadelphia	Wilmington	Newark	Pittsburgh
1. Conocida como el lugar de nacimiento de Estados Unidos	○	○	○	○	○
2. Ciudad más grande de Delaware	○	○	○	○	○
3. Centro de transporte de la región	○	○	○	○	○
4. Ciudad más grande de Estados Unidos	○	○	○	○	○
5. Muchas personas viven en los suburbios y viajan al trabajo	○	○	○	○	○
6. Centro de la cultura, la educación y la industria editorial	○	○	○	○	○
7. La investigación médica es una industria creciente	○	○	○	○	○
8. La ciudad más grande de New Jersey	○	○	○	○	○
9. Es reconocida en todo el mundo como un centro de las artes	○	○	○	○	○
10. Tiene un sistema de metro	○	○	○	○	○
11. Ciudad más grande de Pennsylvania	○	○	○	○	○
12. Centro de producción de acero	○	○	○	○	○
13. Ubicación del edificio de la Organización de las Naciones Unidas	○	○	○	○	○

(sigue)

Nombre ______________________________ Fecha ________________

INSTRUCCIONES Completa este organizador gráfico. Escribe datos acerca de los lugares que puedes visitar en los estados del Atlántico Medio. En el centro, escribe dos características que comparten los tres lugares.

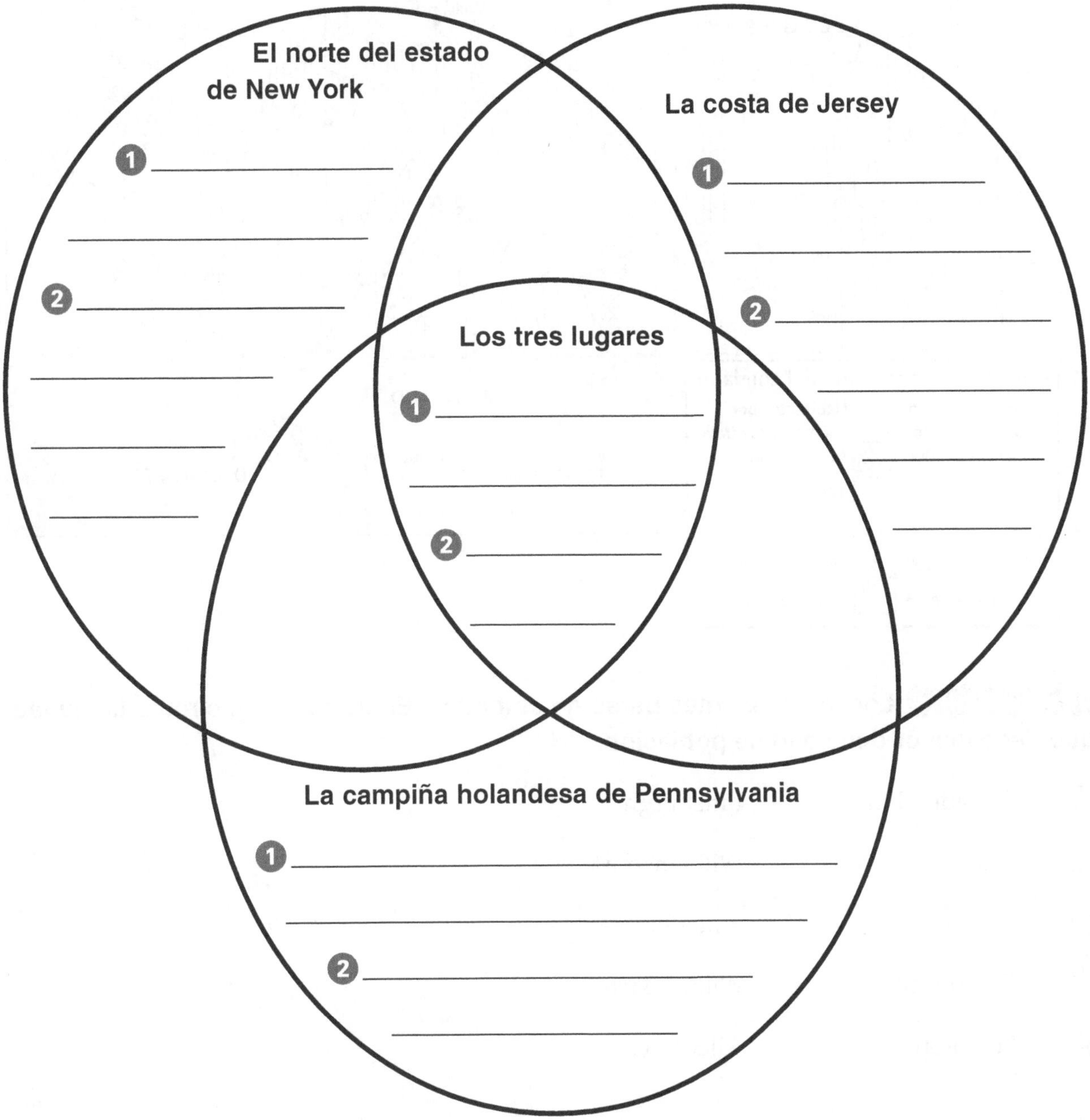

Nombre ______________________ Fecha ______________

Leer un mapa de población

INSTRUCCIONES **El mapa de abajo muestra la población de Pennsylvania. Observa el mapa y luego úsalo para comparar las poblaciones de cada ciudad.**

Población de Pennsylvania por condado

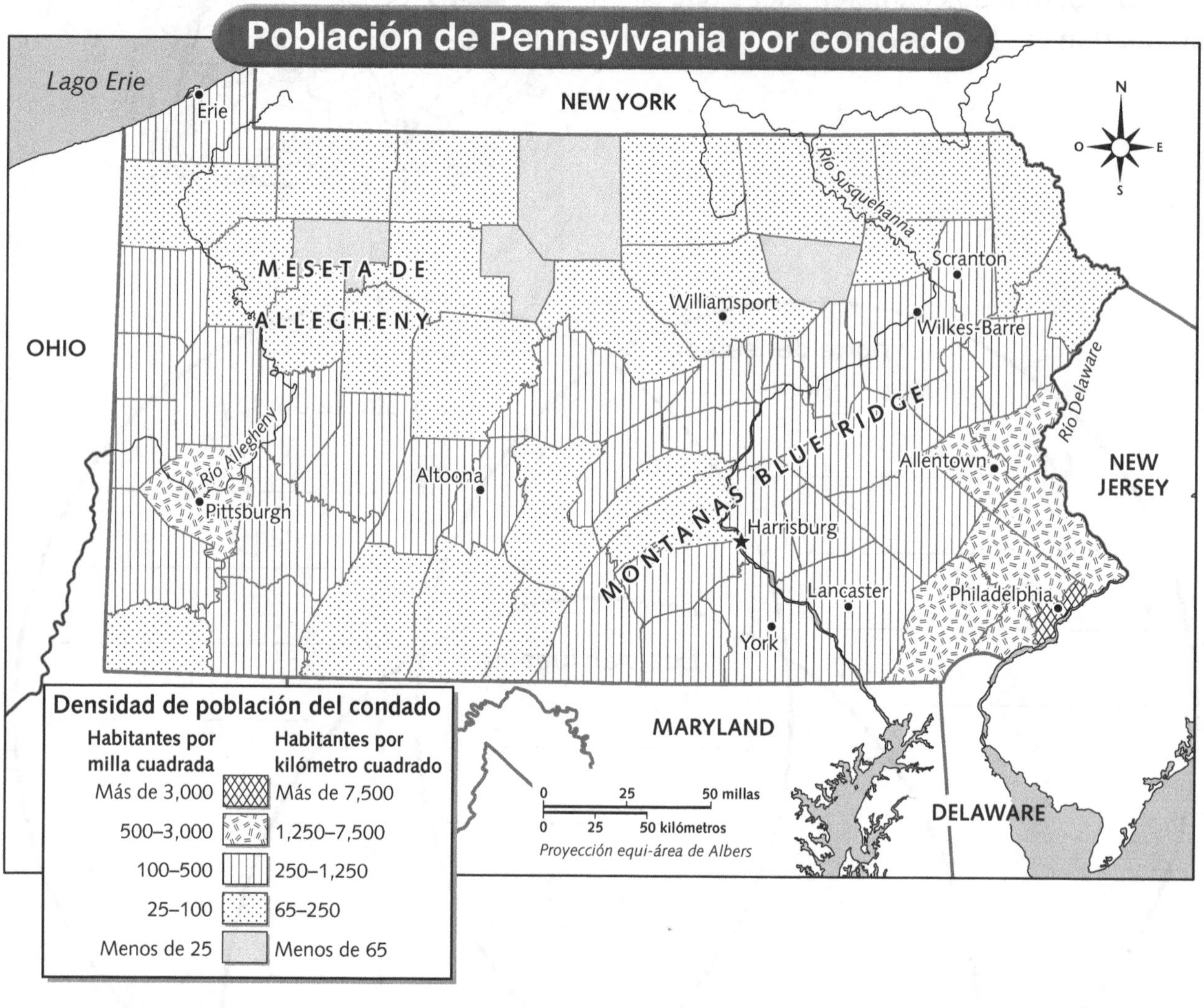

INSTRUCCIONES **Lee los siguientes pares de ciudades. Encierra en un círculo la ciudad que tiene mayor densidad de población.**

1. Philadelphia Pittsburgh
2. Erie Williamsport
3. Harrisburg Philadelphia
4. Pittsburgh Wilkes-Barre
5. Scranton Allentown

(sigue)

Nombre ______________________ Fecha ______________

INSTRUCCIONES **Usa el mapa que aparece en la página 46 para responder las preguntas.**

1. ¿Cuál es la mayor densidad de población por milla cuadrada que muestra el mapa?

   ____

2. ¿Dónde se encuentran las zonas con mayor densidad de población, en la parte norte o en la parte sur del estado? ______________________________

3. ¿Dónde se encuentran las zonas con mayor densidad de población, en la parte este o en la parte oeste del estado? ______________________________

4. ¿Qué área urbana tiene más habitantes, Pittsburgh o Philadelphia?

   ____

5. ¿Cuál es el rango de densidad de población en los alrededores de Scranton?

   ____

6. ¿Qué ciudad tiene menor densidad de población, York o Williamsport?

   ____

7. ¿Cómo se compara la densidad de población en la meseta de Allegheny con la densidad de población en el área de las montañas Blue Ridge?

   ____

8. Si quisieras estar cerca de muchos teatros y museos, ¿en qué parte de Pennsylvania vivirías? ¿Por qué? ______________________________

   ____

9. Si quisieras tener una granja con caballos, ¿en qué parte de Pennsylvania vivirías? ¿Por qué? ______________________________

   ____

Capítulo 5

Nombre ______________________ Fecha ______________

Guía de estudio

INSTRUCCIONES Troy y An escriben ensayos acerca de sus vacaciones de verano. Usa los términos del recuadro para completar la información que falta en sus ensayos.

Lección 1	**Lección 2**
voluntaria	viajan al trabajo
candidatos	rascacielos
campaña	museo
parque público	costa de Jersey
consejo municipal	Organización de las Naciones Unidas

Lección 1

Mi visita a New England

por Troy Johnson

Este verano visité a mis abuelos que viven en New England. Cada mañana, mi abuelo y yo llevábamos a su perro a pasear por el ______________. Es como un jardín donde la gente se encuentra, conversa y juega. ¡Ayudé a mi abuela y a sus amigos a construir una casa! Ella trabaja como ______________ construyendo casas para quienes las necesitan. También asistí a un ______________. Los ______________ a alcalde pronunciaron discursos. La ______________ para obtener votos apenas estaba comenzando. Las elecciones serán en otoño.

(sigue)

Usar después de leer el Capítulo 5, Lección 3, págs. 136–155.

Nombre ______________________________ Fecha ____________________

Lección 2

Mi visita a New York

por An Lee

Todos los veranos, mi familia viaja a New York para visitar a a nuestros amigos, que viven en Long Island y todos los días ______________________________, ubicado en la ciudad de New York. Durante nuestra visita, pasamos la mayor parte del tiempo en la ciudad. Siempre visitamos el *Metropolitan,* que es un famoso ______________________________ de arte. El verano pasado también visitamos la ______________________________ que tiene su oficina central en uno de los numerosos ______________________________ de la ciudad. Por último, dirfrutamos de la playa en la ______________________________.

Nombre ______________________ Fecha ____________

Resume el capítulo

Destreza clave CAUSA Y EFECTO

INSTRUCCIONES **Completa este organizador gráfico para mostrar que comprendes las causas y los efectos del pasado en la vida en el Noreste de hoy.**

Causa	Efecto
Muchos de los primeros colonos de New England llegaron desde Inglaterra.	______________________
______________________	La ciudad de New York tiene comunidades de gran diversidad.

Usar después de leer el Capítulo 5, Lección de destreza, págs. 136–155.

Nombre ______________________ Fecha ______________

La geografía del Sureste

INSTRUCCIONES Usa el código de abajo para completar algunos datos acerca de la geografía del Sureste.

A	B	C	D	E	F	G	H	I	J	K	L	M	N	O	P	Q	R	S	T	U	V	W	X	Y	Z
1	2	3	4	5	6	7	8	9	10	11	12	13	14	15	16	17	18	19	20	21	22	23	24	25	26

1. El ___ ___ ___ ___ ___ ___ ___ (16 1 14 20 1 14 15) ___ ___ ___ ___ ___ ___ ___ ___ ___ ___ (15 11 5 6 5 14 15 11 5 5) abarca sectores del sur de Georgia y del norte de Florida.

2. Los ___ ___ ___ ___ ___ ___ ___ ___ ___ ___ (5 22 5 18 7 12 1 4 5 19) son un extenso humedal de Florida.

3. Una ___ ___ ___ ___ ___ (12 9 14 5 1) ___ ___ (4 5) ___ ___ ___ ___ ___ ___ ___ (4 5 3 12 9 22 5) es un lugar donde los ríos descienden desde un terreno más elevado a uno más bajo.

4. El ___ ___ ___ ___ ___ (4 5 12 20 1) ___ ___ ___ (4 5 12) ___ ___ ___ ___ ___ ___ ___ ___ ___ ___ ___ (13 9 19 19 9 19 19 9 16 16 9) es una zona de Louisiana que tiene muchos bayous.

5. Los humedales que tienen arbustos y árboles se llaman ___ ___ ___ ___ ___ ___ ___ ___ (16 1 14 20 1 14 15 19).

6. Un ___ ___ ___ ___ (16 9 5 4) ___ ___ ___ ___ ___ ___ (5 13 15 14 20 5) es un terreno elevado situado al pie de montañas.

7. La Llanura Costera incluye la ___ ___ ___ ___ ___ ___ ___ ___ ___ (16 5 14 9 14 19 21 12 1) de Florida.

8. La ___ ___ ___ ___ ___ (2 1 8 9 1) ___ ___ (4 5) ___ ___ ___ ___ ___ ___ ___ ___ ___ ___ (3 8 5 19 1 16 5 1 11 5) se encuentra a lo largo de las costas de Maryland y Virginia.

9. La ___ ___ ___ ___ ___ ___ (13 5 19 5 20 1) ___ ___ (4 5) ___ ___ ___ ___ ___ (15 26 1 18 11) está en Arkansas.

10. Un humedal donde solo crecen plantes de poca altura es una ___ ___ ___ ___ ___ ___ ___ (13 1 18 9 19 13 1).

Nombre ______________________ Fecha ______________

Principios de la historia del Sureste

INSTRUCCIONES Para responder las preguntas, usa lo que aprendiste acerca de los principios de la historia del Sureste.

1. ¿Cuáles eran algunos cultivos y frutos silvestres que usaban los indígenas del Sureste?

2. ¿Por qué muchos colonos comenzaron a viajar hacia el oeste de los montes Apalaches y qué ruta tomaron?

3. ¿De dónde provenían los primeros colonos de Arkansas, y cómo se ganaban las vida?

4. ¿En qué se diferenciaban las economías del norte y del sur a comienzos del siglo XIX?

5. ¿Por qué en 1860 los 11 estados sureños decidieron separarse de Estados Unidos?

Usar después de leer el Capítulo 6, Lección 2, págs. 184–190.

Nombre ______________________ Fecha ______________

Los puertos del Sureste

INSTRUCCIONES **Observa la tabla. Luego, responde las preguntas.**

Carga en contenedores en los puertos del Sureste, 2004	
Ciudad portuaria	**Cantidad de contenedores**
Baltimore, Maryland	558,000
Charleston, South Carolina	1,864,000
Miami, Florida	1,010,000
Norfolk Harbor, Virginia	1,809,000
Savannah, Georgia	1,662,000

1. ¿Qué información muestra la tabla?

____

2. ¿Qué ciudad envió la mayor cantidad de contenedores?

____

3. ¿Qué ciudad envió la menor cantidad de contenedores? ______________________

4. ¿Qué ciudad envió más contenedores, Miami o Savannah?

____

5. ¿Qué ciudad envió aproximadamente la mitad de contenedores que Miami?

____

6. ¿Qué cantidad de contenedores se envían desde Norfolk Harbor?

____

Nombre ______________________ Fecha ______________

Leer una gráfica de barras dobles

INSTRUCCIONES Observa la gráfica de barras dobles. Luego, úsala para responder las preguntas.

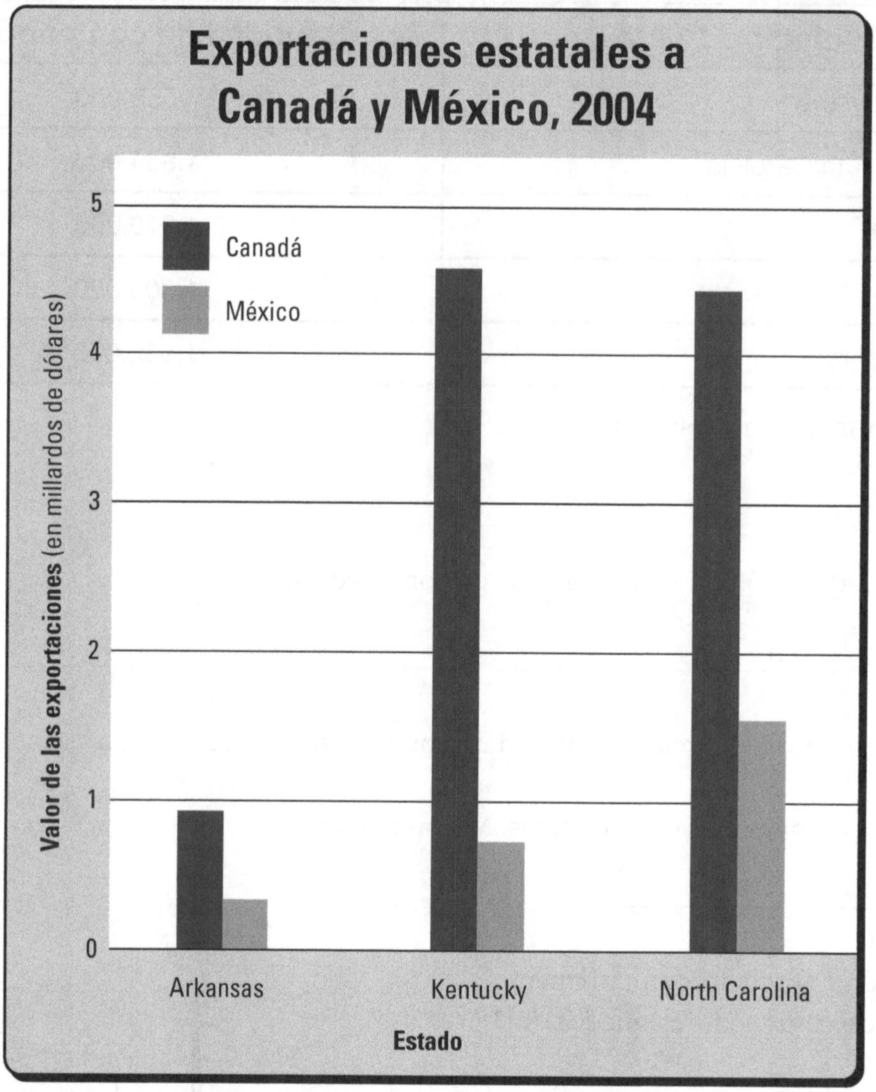

1. ¿Qué información muestra la gráfica de barras dobles?

____

2. ¿Qué estados se comparan en la gráfica?

____

3. ¿Qué representan los números de la izquierda?

____

(sigue)

Nombre ______________________ Fecha ______________

INSTRUCCIONES **Usa la gráfica de barras dobles de la página 54 para responder las siguientes preguntas.**

1. ¿Qué estado obtuvo mayores ganancias por sus exportaciones a Canadá?

____

2. ¿Qué estado obtuvo mayores ganancias por sus exportaciones a México?

____

3. ¿Cuál fue el valor aproximado de las exportaciones de Arkansas a Canadá?

____

4. ¿Qué estado tuvo la mayor diferencia entre el valor de sus exportaciones Canadá y el valor de sus exportaciones a México?

____

5. ¿Qué estado exportó productos a ambos países por un valor de menos de 1 millardo de dólares?

____

6. ¿Qué estado obtuvo mayores ganancias por el total de sus exportaciones?

____

7. ¿Cuál fue el valor aproximado de las exportaciones de Kentucky a Canadá?

____

8. ¿Cuál fue el valor aproximado de las exportaciones de North Carolina a México?

____

Bandera de México

Bandera de Canadá

Capítulo 6

Nombre ______________________ Fecha ______________

Guía de estudio

INSTRUCCIONES Una maestra de cuarto grado comenta con los estudiantes su viaje por el Sureste. Usa los términos de abajo para completa la información que falta en el relato de la maestra.

Lección 1	**Lección 2**	**Lección 3**
montes Apalaches	Charleston	contenedores
Everglades	plantación	Savannah
meseta de Cumberland	Ulysses S. Grant	productos de importación
pantano Great Dismal	Daniel Boone	Miami
Llanura Costera	Jamestown	productos de exportación

Lección 1 Mi viaje comenzó con una visita al ______________________ en Virginia, mi estado natal. Desde allí, continué hacia el sur por los terrenos bajos y planos de la ______________________ hasta llegar Florida. Una vez allí, hice un paseo en bote a través de una pequeña sección de los ______________________. El viaje de regreso a Virginia fue por tierra. Pasé por lugares distantes del oeste, como la ______________________, en Kentucky y Tennessee. Por último, crucé el Paso de Cumberland, que se encuentra en los ______________________ y volví a casa.

(sigue)

Nombre ______________________________ Fecha ______________

Lección 2 Los numerosos sitios de interés histórico del Sureste me gustaron mucho. Uno de mis favoritos fue ______________________, una de las primeras colonias inglesas, ubicada frente a la costa de Virginia. Cuando visité el Paso de Cumberland, imaginé a ______________________ abriendo un sendero entre la maleza. Recorrí una ______________________ en South Carolina y aprendí cómo se producían los cultivos comerciales antes de la Guerra Civil. En ______________________, visité el fuerte en el puerto natural donde se dispararon las primeras balas de la Guerra Civil. También conocí el sitio donde el líder del ejército confederado, el general Robert E. Lee, se rindió ante el general de la Unión, ______________________, marcando el fin de la Guerra Civil.

Lección 3 Mi viaje también incluyó visitas a algunas ciudades portuarias del Sureste. Algunos puertos, como ______________________, han sido muy importantes desde la época colonial. En todos los puertos pude observar cómo se cargaban y descargaban los gigantescos ______________________ de los barcos. Algunos barcos llegaban con ______________________ de todo el mundo; otros barcos partían hacia países lejanos transportando ______________________. En el puerto de ______________________ vi hermosos cruceros llenos de pasajeros.

Nombre ______________________ Fecha ______________

Resume el capítulo

Destreza clave COMPARAR Y CONTRASTAR

INSTRUCCIONES Completa los organizadores gráficos para mostrar que comprendes las semejanzas y las diferencias entre los estados del Sureste.

Tema 1

Estados costeros

- se encuentran a lo largo de dos extensas costas
- las marismas y los pantanos cubren grandes zonas

Semejanzas

____

____

____

____

____

____

Tema 2

Estados del interior

- se encuentran al oeste de los montes Apalaches
- incluyen la meseta de Cumberland y la meseta de Ozark

Tema 1

Estados costeros

- los primeros europeos llegaron durante los siglos XVI y XVII
- levantaron grandes granjas donde trabajaban los esclavos

Semejanzas

____

____

____

____

____

____

____

____

____

Tema 2

Estados del interior

- los colonos pudieron llegar allí a finales del siglo XVIII
- los primeros colonos de la región producían prácticamente todo lo que necesitaban para vivir

Usar después de leer el Capítulo 6, págs. 174–203.

Nombre ______________________________ Fecha ____________________

Los estados de la costa del Atlántico

INSTRUCCIONES **Usa lo que has aprendido acerca de las industrias de los estados de la costa del Atlántico para completar la tabla de abajo. Menciona a qué estado o estados pertenece cada industria de la tabla. Luego, escribe los empleos que desempeñan los trabajadores de cada industria.**

El trabajo en los estados de la costa del Atlántico		
Industria	**Estados**	**Empleos**
Servicios 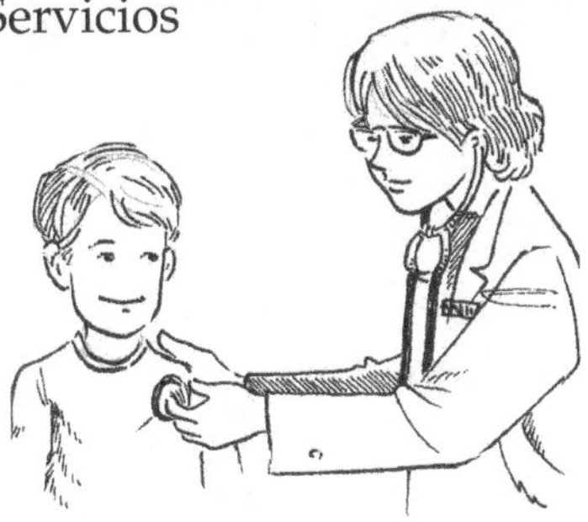		
Producción de alimentos y productos de madera 		
Negocios y manufactura 		
Ejército y tecnología avanzada 		

Nombre ______________________________ Fecha ______________

Los estados de la costa del Golfo

INSTRUCCIONES Escribe el nombre del estado de la costa del Golfo que corresponda junto a cada palabra o frase. Escribe *Florida, Alabama, Mississippi* o *Louisiana.*

1. ______________________ criadero de bagres
2. ______________________ jazz
3. ______________________ caña de azúcar
4. ______________________ mariscos
5. ______________________ isla Dauphin
6. ______________________ Centro Espacial y de Cohetes de Estados Unidos
7. ______________________ viveros
8. ______________________ naranjas
9. ______________________ arrecifes de coral
10. ______________________ cultura cajún

(sigue)

Usar después de leer el Capítulo 7, Lección 2, págs. 212–217.

Nombre ______________________ Fecha ______________

INSTRUCCIONES **Usa el espacio de abajo para planificar un viaje por los estados de la costa del Golfo. En una hoja de papel, escribe una lista de cinco lugares que podrías visitar. Luego, escribe abajo un párrafo que describa las cosas que te gustaría hacer o ver en cada lugar.**

Nombre ______________________ Fecha ______________

Leer la escala de un mapa

INSTRUCCIONES **Observa el mapa, Luego, responde las preguntas de la página 63.**

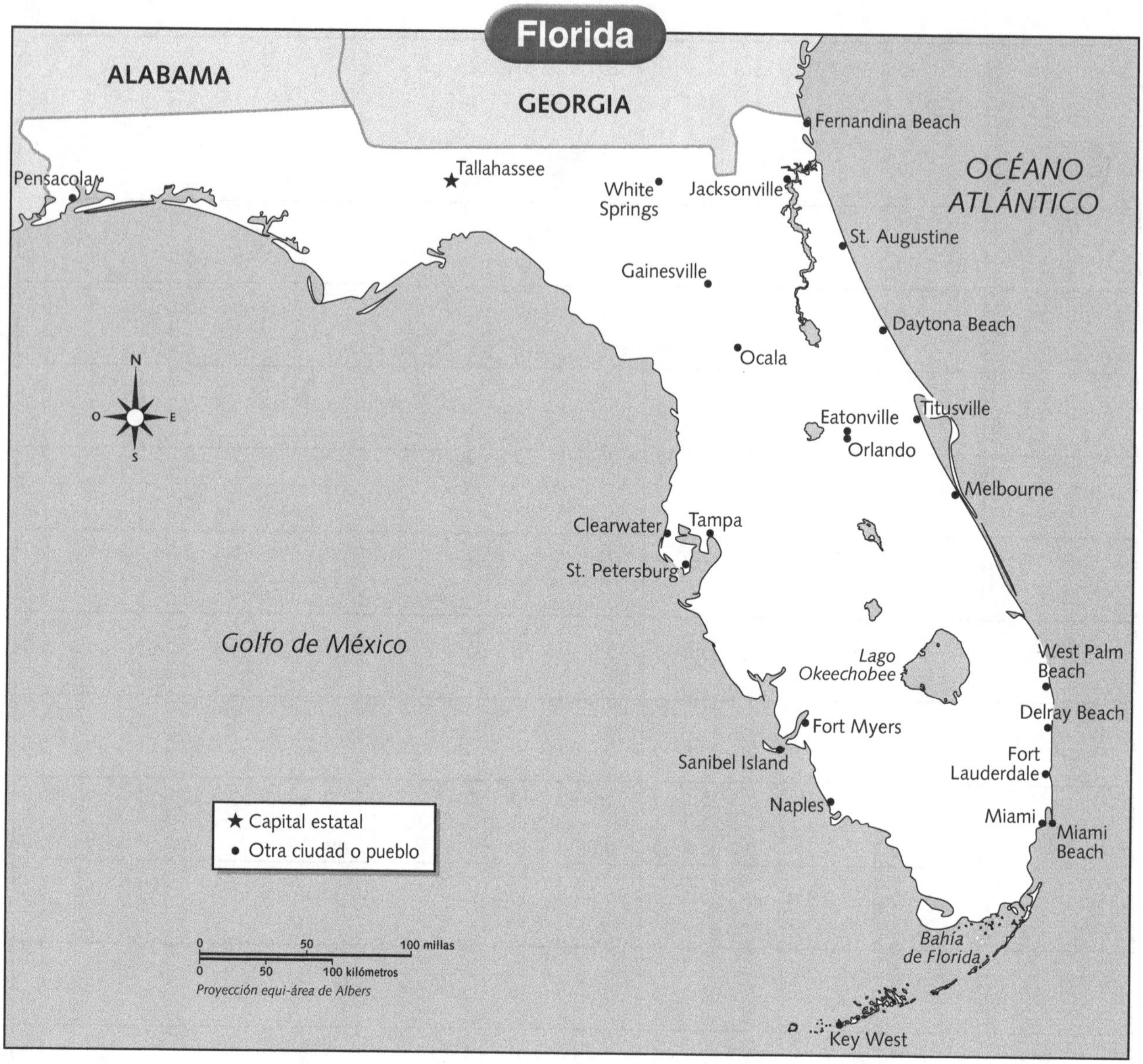

(sigue)

Nombre ______________________________ Fecha ______________

INSTRUCCIONES **Usa el mapa de la página 62 y una regla, para responder las preguntas.**

1. ¿Cuántas millas representa 1 pulgada en este mapa?

____

2. ¿Aproximadamente cuántas millas de distancia hay entre Tallahassee y Jacksonville?

____

3. ¿Aproximadamente cuántas millas de distancia hay entre Jacksonville y Miami?

____

4. ¿Aproximadamente cuántas millas de distancia hay entre Naples y Fort Lauderdale?

____

5. ¿Aproximadamente cuántas millas de distancia hay entre Orlando y Daytona Beach?

____

6. ¿Aproximadamente cuántas millas mide la costa atlántica de Florida?

____

7. ¿Cuál es la distancia, en kilómetros, entre Gainesville y Ocala?

____

____

8. ¿Qué ciudad está más cerca de Jacksonville, Miami o Pensacola?

____

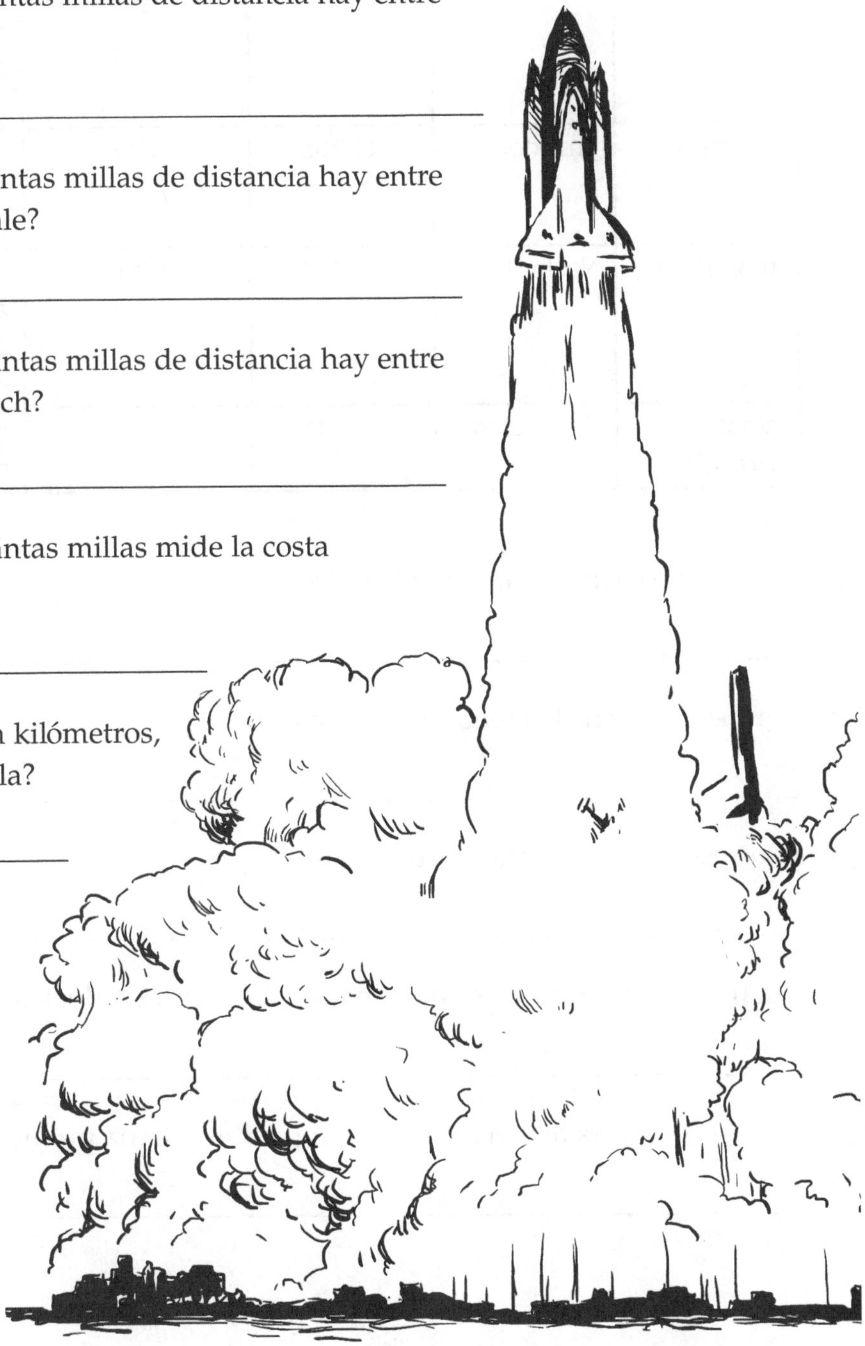

Nombre ______________________ Fecha ______________

Los estados interiores del sur

INSTRUCCIONES Observa la tabla. Luego, responde las preguntas acerca de los estados interiores del sur.

Los estados interiores del sur					
Estado	**Capital**	**Superficie** (en millas cuadradas)	**Temperatura diaria promedio**	**Principales productos agrícolas**	**Población**
Arkansas	Little Rock	53,104	62°F	manzana, algodón, arroz, soya, tomate	2,673,400
Kentucky	Frankfort	40,395	56°F	maíz, trigo, soya, tabaco	4,041,769
Tennessee	Nashville	42,244	62°F	maíz, algodón, productos lácteos, soya	5,689,283
West Virginia	Charleston	24,181	55°F	manzana, maíz, tabaco	1,808,344

1. ¿Qué estado tiene la mayor población?

____

2. ¿Qué estado tiene la menor población?

____

3. ¿Qué estado tiene la mayor superficie?

____

4. ¿En qué estados el maíz es uno de los principales productos agrícolas?

____

5. ¿Que dos estados tienen la misma temperatura diaria promedio?

____

(sigue)

Nombre ______________________________ Fecha ________________

INSTRUCCIONES **Dibuja un mapa de los estados interiores del sur. Asegúrate de incluir un título y una rosa de los vientos.**

INSTRUCCIONES **Usa todos los términos del banco de palabras para escribir un párrafo acerca de la extracción de carbón.**

minas a cielo abierto	minas subterráneas	topadoras	depósitos	restaurar

____

____

____

____

____

____

____

Capítulo 7

Nombre ______________________ Fecha ______________________

Guía de estudio

INSTRUCCIONES Usa los términos del recuadro para completar la información que falta en estos párrafos acerca del Sureste.

Lección 1	Lección 2	Lección 3
legislatura estatal	arrecifes	Kentucky
gobernador	reservas de vida silvestre	extintos
Baltimore	centros turísticos	hábitats
Washington, D.C.	isla barrera	Arkansas
cortes estatales	coral	en peligro

Lección 1 Muchos habitantes de los estados de la costa del Atlántico son empleados del gobierno. Cerca de 250,000 personas trabajan para el gobierno federal en ______________________. Muchos viajan al trabajo todos los días desde ciudades cercanas, como ______________________. Otras personas trabajan para los gobiernos estatales. Al igual que el gobierno federal, los gobiernos estatales se dividen en tres poderes. El ______________________ encabeza el poder ejecutivo. La ______________________ crea leyes para el estado. El poder judicial está formado por las ______________________.

(sigue)

Nombre ______________________________ Fecha ________________

Lección 2 Los estados de la costa del Golfo están rodeados por cientos de islas. Hay numerosas ______________________ que protegen la tierra firme de las olas y los vientos del océano. Otras islas son cayos. Los cayos de Florida están formados por piedra caliza y ______________________. Cerca de algunos cayos hay ______________________ de coral que llegan hasta la superficie del mar. Las personas usan las islas de varias maneras. Algunas islas tienen grandes ciudades. Otras tienen ______________________ destinadas a proteger animales silvestres y aves. También hay islas que tienen ______________________ muy concurridos.

Lección 3 Los estados interiores del sur tienen numerosos parques destinados a proteger animales silvestres. Esos parques constituyen los ______________ de animales como osos y búhos. Algunos animales silvestres están ______________. Si no existieran parques y reservas de vida silvestre, los animales en peligro podrían extinguirse. Los animales se consideran ______________ cuando todos los miembros de su especie han desaparecido.

Los parques no solo protegen la vida silvestre. En ______________ hay un parque nacional que protege el sistema de cuevas más largo del mundo. En ______________ hay un parque estatal que protege un área que tiene muchas fuentes termales.

Nombre ______________________ Fecha ______________

Resume el capítulo

Destreza clave COMPARAR Y CONTRASTAR

INSTRUCCIONES **Completa estos organizadores gráficos para mostrar que comprendes cómo comparar y contrastar las economías de los estados del Sureste.**

Tema 1	Semejanzas	Tema 2
En el pasado • agricultura • industria basada en los recursos naturales	______ ______ ______ ______ ______	**Hoy** • procesamiento de alimentos • turismo • tecnología avanzada • centros económicos

Tema 1	Semejanzas	Tema 2
Estados de la costa del Atlántico ______ ______ ______ ______ ______ ______ ______ ______ ______ ______	• industrias basadas en recursos humanos • el clima y el ambiente atraen visitantes	**Estados de la costa del Golfo** ______ ______ ______ ______ ______ ______ ______ ______ ______

Usar después de leer el Capítulo 7, págs. 204–227.

Nombre ______________________ Fecha ______________

La geografía del Medio Oeste

INSTRUCCIONES Encierra en un círculo la palabra o la frase que hace verdadera cada oración.

1. Una sequía / pradera es un terreno ondulado o llano casi completamente cubierto de hierba y flores silvestres.
2. La parte este de las llanuras del Interior recibe el nombre de llanuras Centrales. / Grandes Llanuras.
3. El clima del Medio Oeste se hace más húmedo / seco a medida que te trasladas de este a oeste.
4. El efecto del lago hace que las nevadas / lluvias sean más intensas en algunas zonas cercanas a los Grandes Lagos.
5. Las montañas Black Hills, en South Dakota, están cubiertas de hierbas. / bosques.
6. En la década de 1930 hubo un tornado / una sequía en el sur de las Grandes Llanuras. Desde entonces, esa zona se conoce como el *Dust Bowl*.
7. El cultivo más importante de las Grandes Llanuras es el trigo. / maíz.
8. Una roca que contiene minerales se llama mena. / hierro.
9. Los Grandes Lagos contienen una quinta / décima parte del total de agua dulce no subterránea del mundo.
10. La región de las llanuras Centrales se conoce como el granero de Estados Unidos. / el cinturón del maíz.

Nombre ____________________ Fecha ____________

Leer un organigrama

INSTRUCCIONES **Completa las actividades de abajo.**

1. Lee el organigrama.
2. Escribe un título para el organigrama en el espacio en blanco.
3. Escribe un breve resumen de la información que muestra el organigrama.

Título: ____________________

↓

En invierno, un frente frío transporta el aire seco y helado del Ártico sobre el agua cálida del lago.

↓

El agua cálida del lago se evapora y se mezcla con el aire seco y frío que la cubre. Esto produce una capa de aire húmedo y caliente que se extiende cerca de la superficie del lago.

↓

La mezcla de aire caliente y húmedo con aire frío y seco, produce turbulencia.

↓

El aire caliente sube y produce nubes cúmulos.

↓

Las gotas de agua en las nubes se enfrían y forman copos de nieve.

____

____

 Usar después de leer el Capítulo 8, Lección de destreza, págs. 252–253.

Nombre ____________________ Fecha ____________

Principios de la historia del Medio Oeste

INSTRUCCIONES **Numera los eventos en el orden en que ocurrieron.**

1. ______ Du Sable construye el primer asentamiento permanente en el área de Chicago.
2. ______ El gobierno de Estados Unidos aprueba la Ordenanza del Noroeste.
3. ______ La mayor parte de las llanuras Centrales pasa a formar parte de Estados Unidos.
4. ______ Miles de colonos se mudan a la región de las Grandes Llanuras.
5. ______ La Salle navega hasta la desembocadura del río Mississippi.
6. ______ La Compra de Louisiana duplica el tamaño de Estados Unidos.
7. ______ El gobierno de Estados Unidos aprueba la Ley de Ejidos.
8. ______ Antes de la llegada de los exploradores europeos, los sioux vivían en las llanuras Centrales.
9. ______ Comerciantes franceses fundan St. Louis en lo que hoy es Missouri.
10. ______ Marquette y Joliet exploran el alto Mississippi.

Nombre ______________________ Fecha ______________

Comparar mapas históricos

INSTRUCCIONES Observa el mapa de abajo y el mapa que aparece en la página 73. Luego, responde las preguntas.

Estados Unidos, 1803

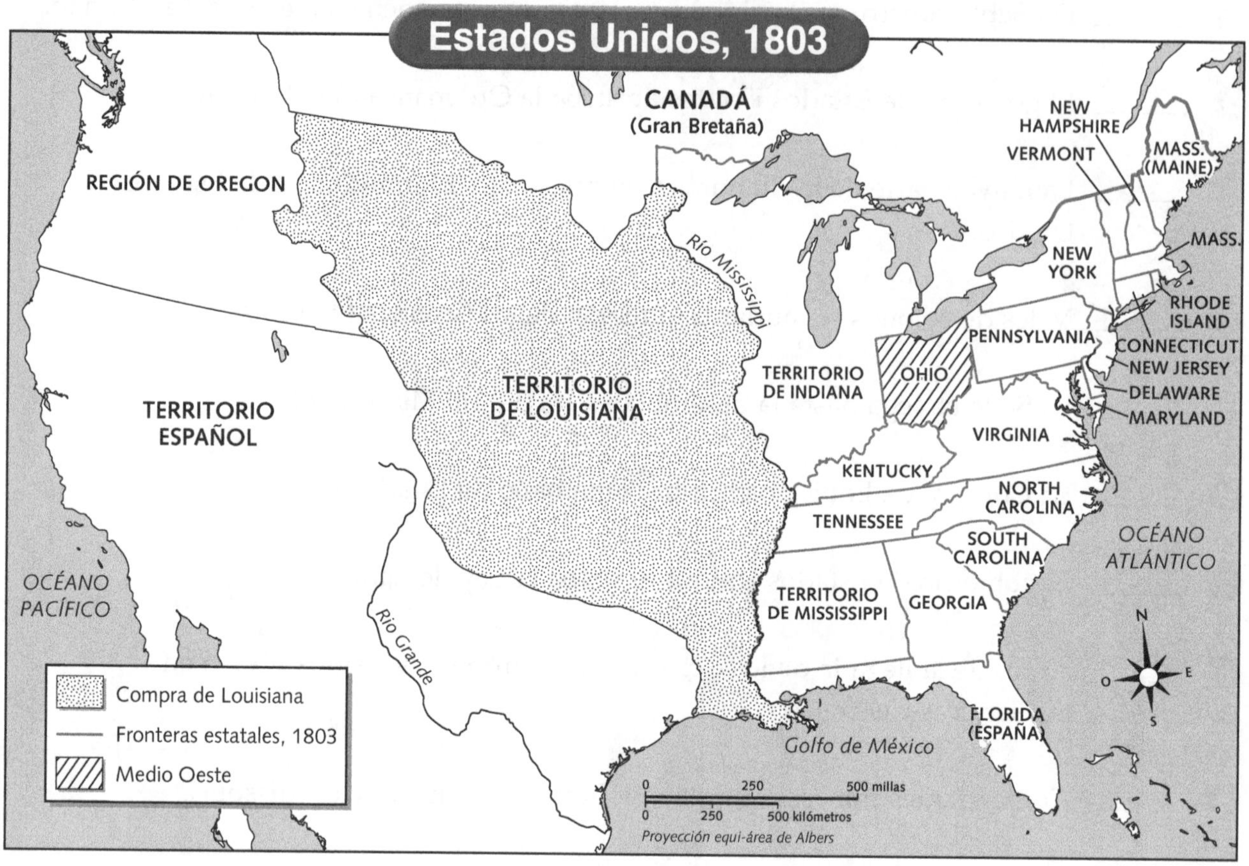

1. ¿Cuántos estados había en 1803 en el Medio Oeste? ______________

2. ¿Qué dos estados del Medio Oeste tienen la misma frontera este que el Territorio de Louisiana?

____

3. ¿Qué estado del Medio Oeste incluye tierras que formaban parte del Territorio de Indiana y tierras que formaban parte de la Compra de Louisiana?

____

(sigue)

 Usar después de leer el Capítulo 8, Lección de destreza, págs. 260–261.

Nombre ______________________ Fecha ______________

Estados Unidos, 1860

4 ¿Cuántos estados había en 1860 en el Medio Oeste? ______________

5 ¿Qué nuevos estados del Medio Oeste se sumaron entre 1803 y 1860?

____

____

6 Usa la información de los mapas para escribir un resumen acerca de los cambios en el Medio Oeste entre 1803 y 1860.

____

____

____

____

Nombre ______________________ Fecha ______________

El transporte en el Medio Oeste

INSTRUCCIONES **Relaciona cada descripción con la letra de la ciudad que corresponda.**

1. ______ puerto del río Mississippi
2. ______ acerías
3. ______ ciudad portuaria de Ohio
4. ______ corrales
5. ______ fábricas de automóviles

a. St. Louis
b. Cleveland
c. Abilene
d. Detroit
e. Gary

INSTRUCCIONES **Relaciona cada término con la definición que corresponda.**

1. ______ producción de masa
2. ______ empresario
3. ______ economía industrial
4. ______ cadena de montaje
5. ______ migración

a. la mayoría de los bienes se hacen con maquinaria y en fábricas

b. una manera más rápida y menos costosa de fabricar un producto, mediante el uso de maquinaria

c. persona que emprende nuevos negocios

d. desplazamiento de personas de un lugar a otro

e. los productos pasan a través de una fila de trabajadores que van armándolos paso a paso

(sigue)

Nombre ______________________ Fecha ____________

INSTRUCCIONES **Responde estas preguntas acerca del transporte y la industria en el Medio Oeste.**

1. ¿Por qué los barcos de vapor significaron un avance respecto a las balsas?

____

____

2. ¿Qué tres negocios abrieron en los pueblos ubicados a lo largo de las vías de tren?

____

____

3. ¿Por qué el Medio Oeste era una buena ubicación para los corrales?

____

____

4. ¿Cómo contribuyó la geografía al desarrollo de la industria automotriz en sus comienzos?

____

____

____

5. Además de la industria automotriz, ¿qué otras dos industrias usan la producción de masa?

____

Capítulo 8

Nombre ______________________ Fecha ______________

Guía de estudio

INSTRUCCIONES Alec tomó apuntes para recordar lo que leyó acerca del Medio Oeste. Usa los términos de abajo para completar la información que falta en los apuntes de Alec.

Lección 1	**Lección 2**	**Lección 3**
pradera	ordenanza	empresarios
sequía	pioneros	Joseph McCoy
Grandes Llanuras	municipios	economía industrial
llanuras Centrales	tepe	Robert Fulton
tornados	medición	Henry Ford

Lección 1 Apuntes acerca de la geografía del Medio Oeste

- Las llanuras del Interior se dividen en dos partes. La parte este, las ______________________, es húmeda. La parte oeste, las ______________________, es más seca.
- En el pasado, gran parte del Medio Oeste era una ______________________ cubierta de hierba.
- Hay frecuentes ______________________ en primavera y en verano.
- En la década de 1930, algunas partes del Medio Oeste sufrieron una larga y severa ______________________.

(sigue)

Usar después de leer el Capítulo 8, págs. 244–271.

Nombre ______________________ Fecha ______________

Lección 2 Apuntes acerca de los principios de la historia del Medio Oeste

- El gobierno de Estados Unidos quería controlar el asentamiento de colonos en el Territorio del Noroeste. Para hacerlo, decidieron enviar trabajadores para hacer la ______________ del territorio. Después, el gobierno dividió la tierra en cuadrados, llamados ______________. En 1787, el gobierno aprobó una ______________ que describía de qué manera debía gobernarse el territorio.
- El gobierno también intervino en el asentamiento de colonos en las Grandes Llanuras. La Ley de Ejidos de 1862 otorgaba tierras a los ______________ que estuvieran dispuestos a vivir allí. Como había pocos árboles, los colonos usaban ______________ para construir sus casas.

Lección 3 Apuntes acerca del transporte en el Medio Oeste

- A comienzos del siglo XIX ______________ y otros inventaron el barco de vapor.
- A finales del siglo XIX, el ferrocarril atrajo a muchos ______________ a la región del Medio Oeste. Se abrieron nuevos negocios en varias industrias. En Abilene, ______________ abrió uno de los corrales más grandes de la región.
- A comienzos del siglo XX, ______________ comenzó a fabricar automóviles en Detroit.
- Hacia mediados del siglo XX se había desarrollado una ______________ a orillas de los Grandes Lagos.

Nombre ______________________________ Fecha ______________

Resume el capítulo

Destreza clave RESUMIR

INSTRUCCIONES **Completa los organizadores gráficos para mostrar que comprendes cómo resumir información acerca del Medio Oeste.**

Datos clave

Los barcos llevaban las materias primas a las fábricas y los productos terminados a los mercados.

Los puertos fluviales contribuyeron al crecimiento de St. Louis, en Cincinnati, y de otras ciudades.

Resumen

____

____

____

____

____

____

Datos clave

Las llanuras Centrales, que se encuentran en la parte este del Medio Oeste, tienen terrenos planos ideales para el cultivo de maíz.

Las Grandes Llanuras, que se encuentran en la parte oeste del Medio Oeste, tienen un clima más seco, adecuado para el cultivo de trigo.

Resumen

____

____

____

____

____

____

____

Usar después de leer el Capítulo 8, págs. 244–271.

Nombre ____________________ Fecha ____________

Los estados de los Grandes Lagos

INSTRUCCIONES Lee las siguientes oraciones acerca de los estados de los Grandes Lagos. Decide si cada afirmación es verdadera (*V*) o falsa (*F*).

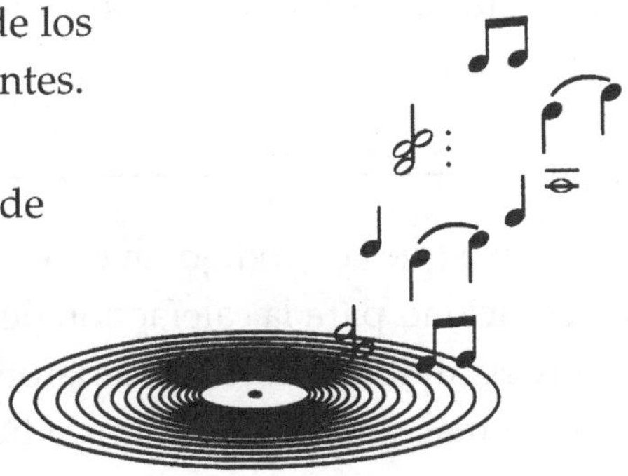

1. ______ Los empleos en las fábricas de los estados de los Grandes Lagos atrajeron a muchos inmigrantes.

2. ______ La Gran Migración fue un desplazamiento de afroamericanos desde el sur hacia el norte.

3. ______ En los últimos años, los estados de los Grandes Lagos han recibido muchos inmigrantes de Europa.

4. ______ Los afroamericanos crearon un estilo musical conocido como "Motown sound" de Detroit.

5. ______ En Chicago se lleva a cabo una famosa carrera automovilística.

6. ______ En los estados de los Grandes Lagos, el entretenimiento es una industria en crecimiento.

7. ______ En los estados de los Grandes Lagos, el turismo es una industria en crecimiento.

8. ______ El arquitecto Frank Lloyd Wright diseñó las "casas de pradera".

9. ______ Debido al transporte aéreo, las vías por agua de los Grandes Lagos dejaron de ser importantes rutas de transporte.

10. ______ El río Rin conecta los Grandes Lagos con el golfo de México.

Nombre ______________________________ Fecha ______________

Resolver un problema

INSTRUCCIONES Vuelve a leer los pasos para resolver un problema. Luego, responde las preguntas.

1. Una ciudad con mucho tráfico tiene un alto nivel de contaminación del aire. Identifica el problema.

____

2. Imagina que se produjo un corte de energía eléctrica porque las personas usan demasiada electricidad para la calefacción de sus casas. Otro corte de energía eléctrica se produjo porque algunos cables se dañaron durante una intensa tormenta de nieve. ¿Los dos problemas son iguales? Explica tu respuesta.

____

____

3. La conservación puede ayudar a evitar algunos cortes de electricidad. ¿Cuáles son algunas ventajas y desventajas de la conservación?

____

____

____

4. Como hay tantos automóviles que usan gas y petróleo, estos recursos no renovables están agotándose rápidamente. ¿Cuáles son algunas posibles soluciones para este problema?

____

____

Usar después de leer el Capítulo 9, Lección de destreza, págs. 280–281.

Nombre ______________________ Fecha ______________

Los estados de las Llanuras

INSTRUCCIONES **En los espacios en blanco, escribe una oración que muestre lo que aprendiste acerca de los estados de las Llanuras.**

1. las características físicas de los estados de las Llanuras

____

____

2. los artistas de los estados de las Llanuras

____

____

3. los nuevos métodos de agricultura en los estados de las Llanuras

____

____

4. la urbanización en los estados de las Llanuras

____

____

5. las Pampas y los estados de las Llanuras

____

____

Capítulo 9

Nombre ______________________ Fecha ______________

Guía de estudio

INSTRUCCIONES Lila y Kevin son amigos por correspondencia. Usa los términos del recuadro para completar la información que falta en las cartas que se envían.

Lección 1	Lección 2
carga	Branson
puerto	Ozarks
centro de conexiones	Sedalia
remolcadores	Jefferson City
barcazas	monte Rushmore

Lección 1

Querido Kevin:

Quiero contarte acerca de la ciudad en donde vivo. Detroit es un ______________________ de transporte. Tiene autopistas, ferrocarriles, un importante aeropuerto y un ______________________ con barcos de todo tipo. Me gusta observar los ______________________ cuando empujan las ______________________ río arriba y río abajo por el río Detroit y trato de adivinar qué tipo de ______________________ lleva cada barco.

Tu amiga,

Lila

(sigue)

Usar después de leer el Capítulo 9, págs. 272–291.

Nombre ______________________ Fecha ______________

Lección 2

Querida Lila:

Gracias por contarme cómo es Detroit. Yo vivo en un sitio llamado ______________________. Es un área de montañas en la parte sur de Missouri. La ciudad más cercana es ______________________. Tal vez hayas oído hablar de ella porque muchos turistas la visitan para ver espectáculos en vivo. También he visitado la capital estatal de Missouri, ______________________. Todos los veranos, asisto con mi familia a la feria estatal de Missouri en ______________________. Solo una vez viajé fuera de Missouri. Mis abuelos me llevaron a conocer el ______________________, en South Dakota.

Tu amigo por correspondencia,

Kevin

Nombre ______________________________ Fecha ______________

Resume el capítulo

Destreza clave RESUMIR

INSTRUCCIONES Completa los organizadores gráficos para mostrar que comprendes cómo resumir información acerca del Medio Oeste.

Datos clave		Resumen
A finales del siglo XIX, muchos inmigrantes europeos se mudaron a los estados de los Grandes Lagos.	→	
Hacia 1910, muchos afroamericanos del sur se trasladaron a la región.	→	

Datos clave		Resumen
Muchas industrias de las ciudades de la región dependen de los productos agrícolas y ganaderos.	→	
Las tierras de cultivo cubren una gran parte de los estados de las Llanuras.	→	

Usar después de leer el Capítulo 9, págs. 272–291.

Nombre ________________________________ Fecha ________________

La geografía del Suroeste

INSTRUCCIONES Usa las pistas para completar el crucigrama de palabras de vocabulario.

HORIZONTALES

3. un lago construido por el hombre
4. una repentina lluvia intensa
6. uso de conductos para transportar el agua a los lugares secos
7. una colina empinada, de roca, de cima plana

VERTICALES

1. una colina de cima plana y pendientes empinadas
2. un conducto construido para transportar agua
4. agua subterránea almacenada en capas de arena. Manto…
5. profunda zanja formada a lo largo del tiempo por el correr de las aguas

Nombre ______________________________ Fecha ________________

Distinguir entre hecho y ficción

INSTRUCCIONES Lee las afirmaciones. Luego, escribe *hecho* o *ficción* en el espacio en blanco.

1. ________ La mayor parte de Texas se encuentra en el desierto de Chihuahua.
2. ________ Las zonas de montaña del Suroeste pueden ser frías y nevosas.
3. ________ El saguaro es un lagarto especialmente adaptado para vivir en el desierto.
4. ________ Las montañas del oeste mantienen seca la región del Suroeste.
5. ________ En New Mexico se cavan pozos para llegar al agua de los mantos acuíferos.
6. ________ Casi toda el agua de Arizona proviene del lago Mead.
7. ________ Solo unos pocos granjeros del Suroeste usan sistemas de irrigación para sus cultivos.
8. ________ Los estados del Suroeste tienen recursos naturales como petróleo y gas natural.
9. ________ Al oeste de Texas y Oklahoma hay bosques de pinos, robles y nogales.
10. ________ La mayoría de los rancheros del Suroeste crían ganado vacuno.

INSTRUCCIONES Vuelve a escribir las afirmaciones de arriba que marcaste como *ficción* para transformarlas en *hecho*.

____

____

____

____

____

Usar después de leer el Capítulo 10, Lección de destreza, págs. 316–317.

Nombre ______________________ Fecha ______________

Principios de la historia del Suroeste

INSTRUCCIONES Usa los términos del banco de palabras para completar el esquema de abajo.

adobe	Santa Fé	pueblo
apaches	"boomers"	caddo
México	misiones	guerra entre México y Estados Unidos
Coronado		

I. Los primeros habitantes

A. Los ______________________ vivían en Texas y Oklahoma. Cultivaban maíz y construían casas con madera.

B. Los ______________________ vivían en el desiertos y usaban sistemas de irrigación para sus cultivos.

C. Los ______________________ eran nómadas que vivían en las Grandes Llanuras.

II. Los españoles

A. ______________________ tomó posesión de las tierras del Suroeste para España.

B. Los españoles construyeron la ciudad de ______________________.

C. También construyeron fuertes y ______________________.

D. Los indígenas enseñaron a los españoles a construir con

______________________.

III. El rango de estado

A. En 1836, Texas se independizó de ______________________. Luego se convirtió en el estado número veintiocho.

B. Estados Unidos obtuvo Arizona y New Mexico en la

______________________.

Ambos se convirtieron en estados en 1912.

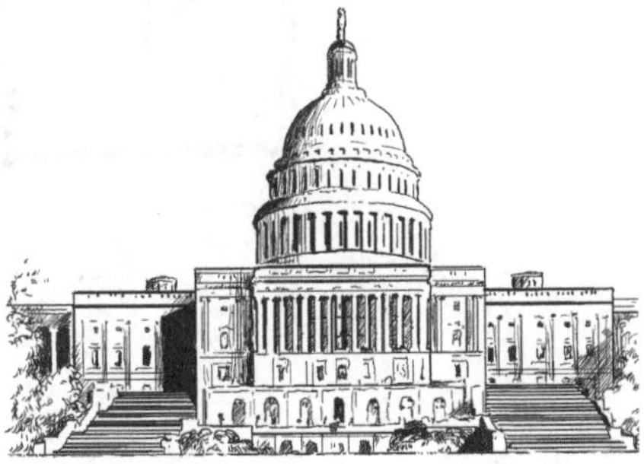

C. Los primeros colonos de Oklahoma fueron llamados

______________________.

Ayudaron a que Oklahoma se convirtiera en estado en 1907.

Nombre ______________________________ Fecha ______________

Identificar causas y efectos múltiples

INSTRUCCIONES Texas se independizó de México tras una guerra llamada la Revolución de Texas. Usa el diagrama de causas y efectos de la Revolución de Texas que aparece en la página 89 para responder las siguientes preguntas.

1. ¿Qué evento tuvo dos causas?

____

2. Identifica un evento que fue a la vez causa y efecto.

____

3. ¿Algún evento tuvo más de un efecto? Si es así, ¿cuál fue?

____

4. ¿Cuál fue una de las causas de la Revolución de Texas?

____

5. ¿Cuál fue uno de los efectos de la Revolución de Texas?

____

El Álamo

(sigue)

Nombre ____________________ Fecha ____________

INSTRUCCIONES **El diagrama de abajo muestra los eventos de la Revolución de Texas. Usa el diagrama para responder las preguntas de la página 88.**

La Revolución de Texas

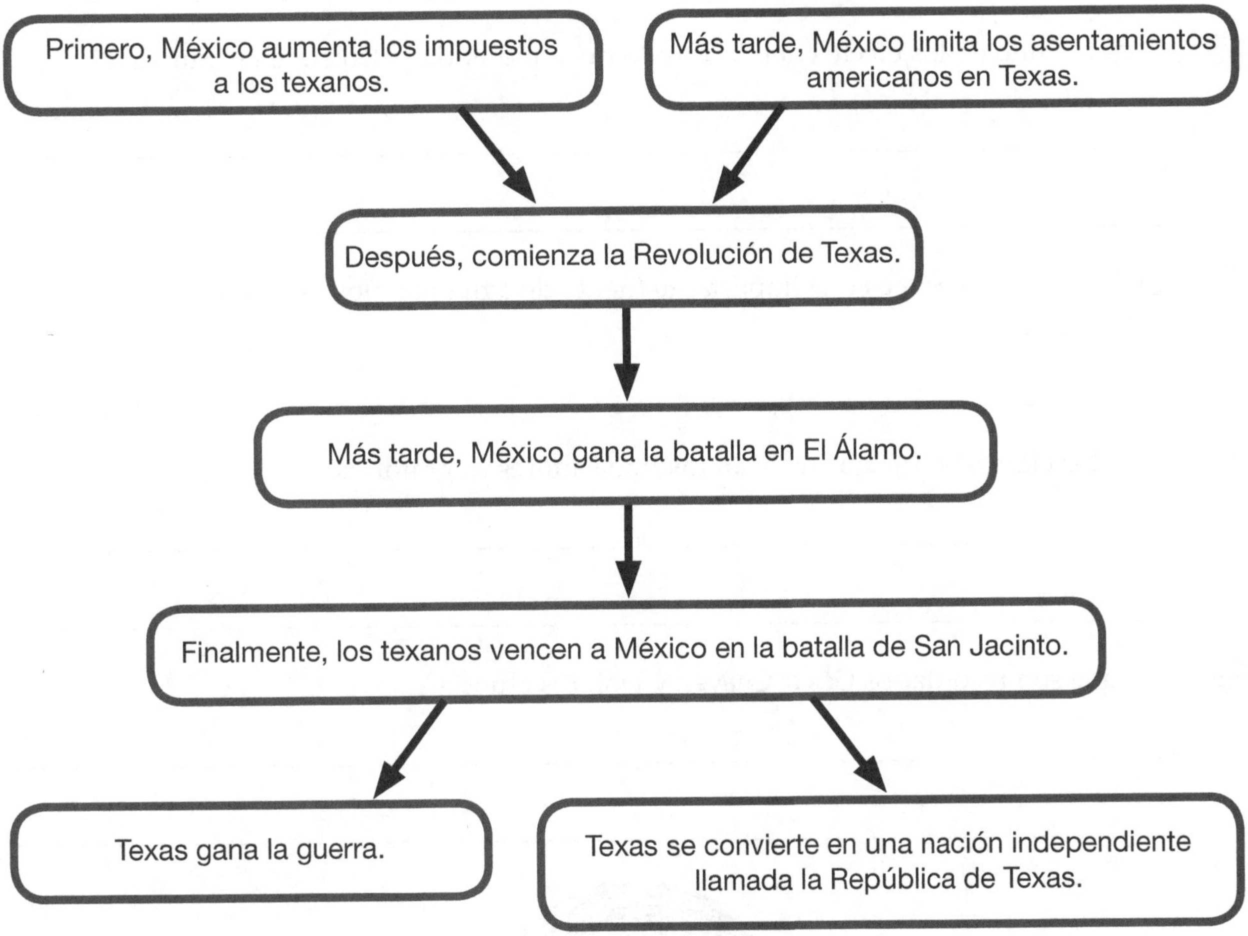

Nombre ______________________ Fecha ______________

Los recursos del Suroeste

INSTRUCCIONES **Responde estas preguntas acerca del Suroeste.**

1. ¿Por qué algunas zonas del Suroeste son más apropiadas para la ganadería que para la agricultura?

____

2. ¿Cuál fue uno de los efectos del desarrollo de la industria petrolera en el Suroeste?

____

____

3. ¿Qué río del Suroeste es una importante fuente de agua para los habitantes de dos países?

____

4. ¿Qué dos clases de trabajos realizan los trabajadores migratorios?

____

____

5. ¿Por qué son recordados César Chávez y Dolores Huerta?

____

____

César Chávez

 Usar después de leer el Capítulo 10, Lección 3, págs. 328–331.

Nombre ______________________ Fecha ______________

Resolver conflictos

INSTRUCCIONES Lee el párrafo. Luego, responde las preguntas de abajo para ayudar a resolver un conflicto.

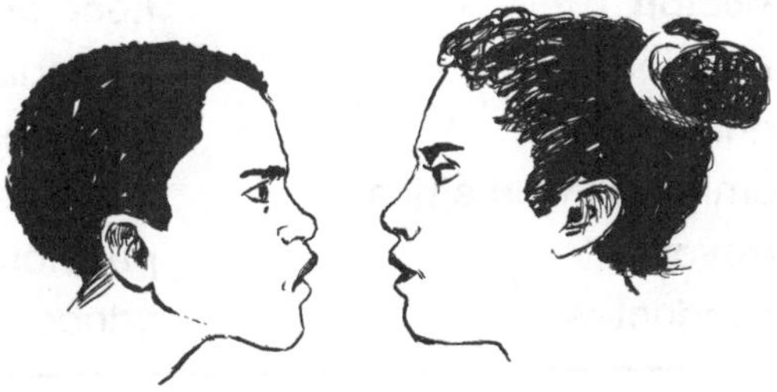

Keisha y Jamal son hermanos y tienen un problema. Keisha quiere usar la computadora para escribir un informe de un libro. Jamal quiere usar la computadora para hacer una investigación para su presentación de estudios sociales. ¿Qué deben hacer?

1. ¿Cuál es la causa del conflicto?

____

2. ¿Qué quiere cada persona? ______________________________

____

3. ¿Cómo pueden cooperar Keisha y Jamal para resolver el conflicto?

____

____

4. ¿Cuál es otro plan posible para resolver el conflicto?

____

____

5. ¿Cuál crees que es la mejor solución? ¿Por qué?

____

____

____

____

____

____

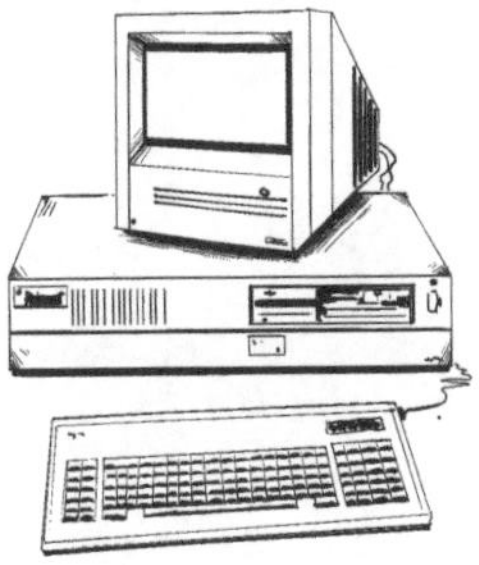

Capítulo 10

Nombre ________________ Fecha ________________

Guía de estudio

INSTRUCCIONES Usa los términos del recuadro de abajo para completar la información que falta en estos párrafos acerca del Suroeste.

Lección 1	Lección 2	Lección 3
irrigación	nómadas	Río Grande
aguacero	misiones	árido
sombra pluviométrica	caballos	presas
arroyos	pueblos	conflictos
acueductos	adobe	cooperar

Lección 1 La mayor parte del Suroeste tiene un clima seco. Eso se debe principalmente a que la región está en la zona de la ________________ de las montañas del oeste. Cuando la lluvia finalmente llega, muchas veces lo hace en forma de ________________. El agua de esa lluvia intensa a menudo forma ________________. Los habitantes del Suroeste emplean tecnología para superar la escasez de agua. Los granjeros usan sistemas de ________________ para los cultivos. Usan ________________ para transportar agua de un lugar a otro.

(sigue)

Nombre _______________________________ Fecha _______________

Lección 2 Algunas tribus indígenas del Suroeste eran agricultores que vivían en ____________________. Otros, como los apaches, eran ____________________. Cuando llegaron los españoles, construyeron ____________________. También introdujeron ____________________ en la región. Los indígenas enseñaron a los españoles a construir casas con ____________________.

Lección 3 Gran parte del Suroeste tiene un clima ____________________. A menudo, la escasez de agua genera ____________________, especialmente en el valle del ____________________, donde la población ha crecido mucho. Las personas que viven a lo largo de la frontera con México han aprendido a ____________________ para compartir el agua. Por ejemplo, Estados Unidos y México han construido ____________________ y embalses.

Nombre ____________________ Fecha ____________

Resume el capítulo

Destreza clave SACAR CONCLUSIONES

INSTRUCCIONES Completa los organizadores gráficos para mostrar que comprendes cómo la geografía del Suroeste afecta la vida en la región.

Evidencia

Los desiertos cubren la mayor parte de Arizona y New Mexico.

Conocimiento

El agua es un recurso escaso en los desiertos.

Conclusión

____

____

____

Evidencia

En el Suroeste, las tierras que son demasiado secas para la agricultura se usan para la ganadería.

Conocimiento

El ganado vacuno y ovino se alimenta de pasto y otras plantas.

Conclusión

____

____

____

Usar después de leer el Capítulo 10, págs. 308–335.

Nombre ______________________ Fecha ______________

Texas y Oklahoma

INSTRUCCIONES Completa la tabla. Escribe un dato acerca de cada uno de los cinco grupos culturales que hay en Texas y Oklahoma.

Grupos culturales en Texas y Oklahoma

Nombre del grupo	Lo que aprendí
Indígenas	
Europeo-estadounidenses	
Hispanos	
Afroamericanos	
Asiático-estadounidenses	

(sigue)

Nombre ______________________ Fecha ____________

INSTRUCCIONES **Elige una de las industrias de Texas y Oklahoma que se indican abajo. Luego, escribe un breve anuncio para ofrecer un empleo en esa industria. Titula tu anuncio y escribe cuatro oraciones que expliquen por qué es un empleo emocionante.**

industria ganadera

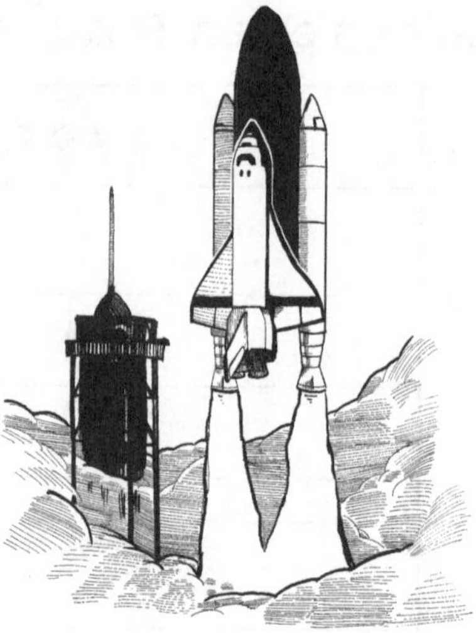

tecnología aeroespacial

petróleo y gas natural

Se necesita empleado

Título del anuncio: ______________________

¡Trabaja en la ______________________!

Razón 1: ______________________

____

Razón 2: ______________________

____

Razón 3: ______________________

____

Razón 4: ______________________

____

Usar después de leer el Capítulo 11, Lección 1, págs. 338–342.

Nombre ______________________________ Fecha ____________________

New Mexico y Arizona

INSTRUCCIONES Lee las siguientes afirmaciones acerca de New Mexico y Arizona. Decide si cada una es verdadera (*V*) o falsa (*F*).

1. ______ El Gran Cañón se extiende desde New Mexico hasta el noroeste de Arizona.
2. ______ Los estados de la parte oeste del *Sun Belt* están entre los de más rápido crecimiento.
3. ______ Las ciudades del desierto, como Phoenix, crecieron rápidamente.
4. ______ La mayor parte de la población trabaja en la ganadería, la agricultura y la minería.
5. ______ Los turistas visitan las bellezas naturales, como el Gran Cañón.
6. ______ Algunos equipamientos para viajes aéreos y espaciales se fabrican en Arizona.
7. ______ El agua subterránea se renueva más rápido de lo que se consume.
8. ______ La mayor parte del turismo de New Mexico se concentra en Albuquerque.
9. ______ Los habitantes de Arizona y New Mexico se niegan a conservar el agua.
10. ______ Las plantas del desierto necesitan poca agua para crecer.

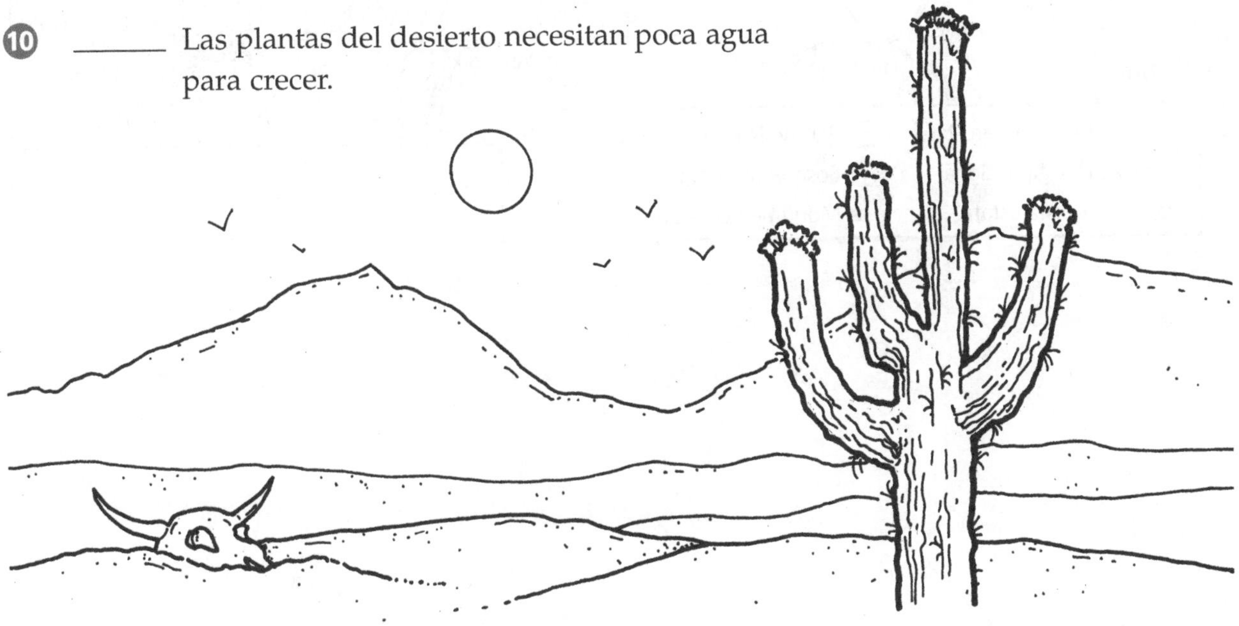

Nombre ______________________ Fecha ______________

Leer un mapa de carreteras

INSTRUCCIONES **Observa el mapa del Parque Nacional del Gran Cañón y responde las preguntas de la página 99.**

Parque Nacional del Gran Cañón

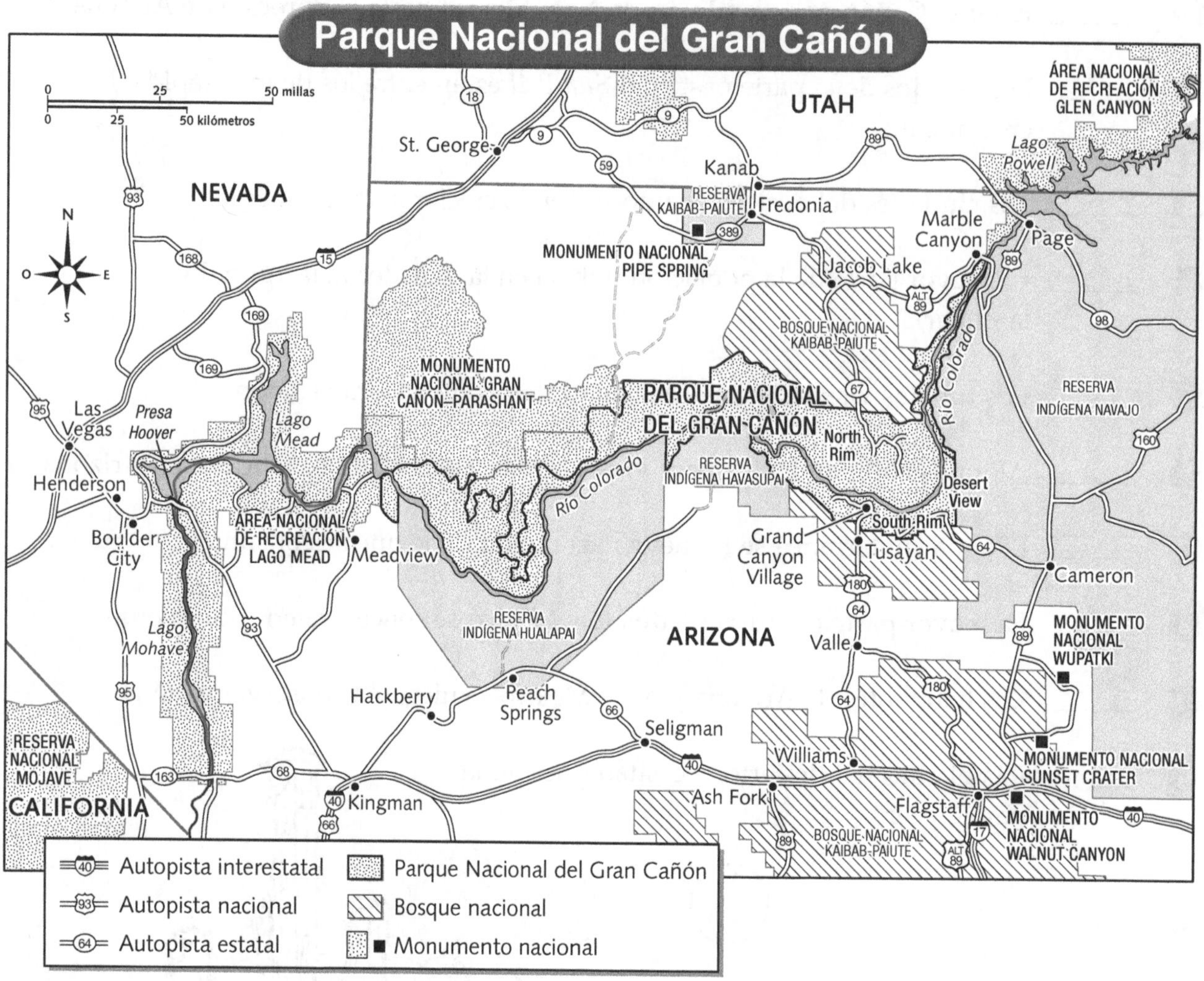

(sigue)

Usar después de leer el Capítulo 11, Lección de destreza, págs. 352–353.

Nombre ______________________ Fecha ______________

INSTRUCCIONES Usa el mapa del Parque Nacional del Gran Cañón, de la página 98, para responder las preguntas.

1. ¿Qué autopista interestatal conecta Flagstaff y Seligman?

____

2. ¿Qué dos autopistas debería tomar alguien que conduce desde Marble Canyon hasta el North Rim del Gran Cañón?

____

3. ¿Qué ruta podría tomar una persona para viajar desde Flagstaff hasta el Gran Cañón?

____

4. ¿Qué autopista nacional usaría una persona que conduce de Las Vegas hasta el Área Nacional de Recreación Lago Mead?

____

5. ¿Aproximadamente cuántas millas recorrerías si viajas desde Cameron hasta Grand Canyon Village?

____

6. Un viajero que conduce hacia el norte por la autopista nacional 89, ¿se dirige al lago Powell o al lago Mead?

____

7. ¿Qué dos estados limitan con el lago Mohave?

____

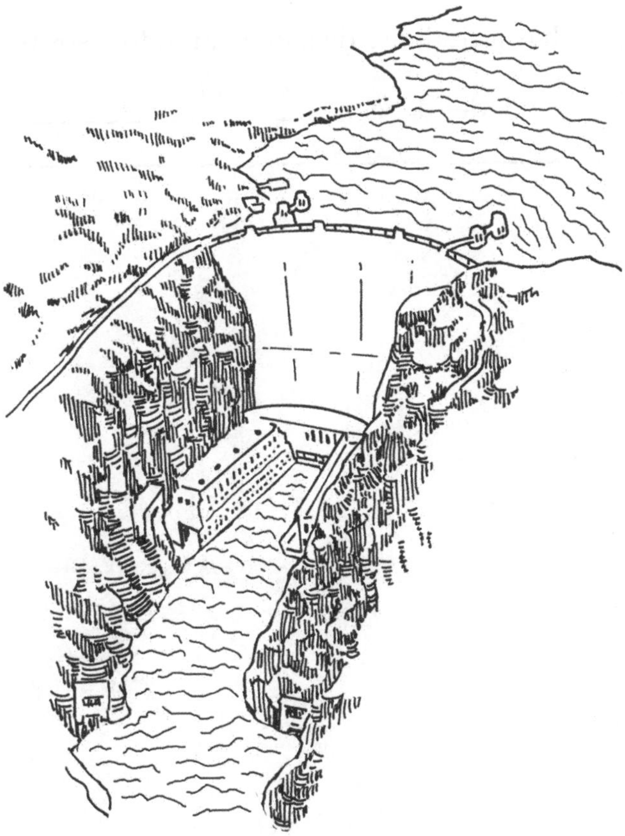

Presa Hoover

Capítulo 11

Nombre ______________________ Fecha ______________

Guía de estudio

INSTRUCCIONES Hoy es el "día de las profesiones" y los padres de los estudiantes de cuarto grado conversan con la clase acerca de sus empleos. Usa los términos del recuadro para completar la información que falta en estos párrafos acerca de los empleos de dos padres.

Lección 1	**Lección 2**
crudo	cactos
gasolina	evaporación
refinería	conservación
dragar	agua subterránea
petroleros	leyes

Lección 1 Yo soy el papá de Dana y trabajo en la industria petrolera. Manejo equipamiento en una ______________________. Mi trabajo consiste en ayudar a convertir el ______________________ en productos. El principal producto que hacemos es ______________________. Enormes barcos ______________________ transportan los productos desde mi lugar de trabajo hasta ciudades de todo el mundo. Esos barcos son tan grandes que en algunas ciudades deben ______________________ los puertos para abrirles espacio.

(sigue)

Nombre ______________________ Fecha ______________

Lección 2 Soy la mamá de Alberto. Trabajo para la compañía de agua. Mi trabajo consiste en fomentar la ______________________ del agua. Primero, explico a la gente que existen ______________________ que establecen límites para el uso del agua. Luego, les enseño cómo usar menos agua en sus jardines. Por ejemplo, regar el césped consume mucha agua. El calor del desierto hace que parte de esa agua se pierda debido a la ______________________. Por eso, les enseño a las personas cómo plantar ______________________ en lugar de hierbas. Estas plantas del desierto pueden subsistir solo con el agua de la lluvia. Consumimos el ______________________ más rápido de lo que la naturaleza tarda en renovarla. Por eso es tan importante que todos usemos menos agua.

Nombre ______________________ Fecha ______________

Resume el capítulo

Destreza clave SACAR CONCLUSIONES

INSTRUCCIONES Completa los organizadores gráficos para mostrar que comprendes cómo se afectan mutuamente la población y el ambiente en el Suroeste.

Evidencia

La cantidad de habitantes del Suroeste está en rápido crecimiento.

Conocimiento

Todos los días, las personas usan agua potable.

Conclusión

____

____

____

Evidencia

Las diversas ciudades y culturas de la región atraen visitantes.

Conocimiento

Las personas disfrutan de las bellezas naturales como el Gran Cañón.

Conclusión

____

____

____

Usar después de leer el Capítulo 11, págs. 336–355.

Nombre ______________________ Fecha ______________

La geografía del Oeste

INSTRUCCIONES Usa los términos del banco de palabras para completar las siguientes oraciones acerca de la geografía del Oeste.

Death Valley	volcanes	divisoria continental
terremotos	Prospect Creek	montañas Rocosas

1. Las ______________ atraviesan América del Norte de norte a sur.
2. La línea imaginaria que corre a lo largo de los picos de las montañas Rocosas se llama ______________.
3. El punto más bajo de América del Norte está en ______________, California.
4. Algunos lugares del Oeste tienen ______________ activos hoy en día.
5. Los movimientos que se producen a lo largo de fallas se llaman ______________.
6. El lugar más frío del país es ______________, en Alaska.

INSTRUCCIONES Usa un lápiz o marcador para sombrear los estados del Oeste en el mapa de abajo.

Nombre ______________________ Fecha ______________

Leer un mapa de husos horarios

INSTRUCCIONES Observa el mapa de husos horarios de la página 105. Usa el mapa para responder las preguntas.

1. ¿Cuántos husos horarios tiene Estados Unidos? ______________________

2. ¿Qué husos horarios atravesarías en un viaje desde San Francisco hasta Chicago?
____

3. Menciona tres estados que abarcan más de un huso horario.
____
____
____

4. ¿Cuántas horas de diferencia hay entre el huso horario del Pacífico y el huso horario del este? ______________________

5. Si son las 8 a.m. en New York, ¿qué hora es en Los Angeles? ______________________

6. Si son las 6 p.m. en Chicago, ¿qué hora es en Anchorage? ______________________

7. Si son las 3 p.m. en Honolulu, ¿qué hora es en San Francisco? ______________________

8. Si son las 10 a.m. en Anchorage, ¿qué hora es en New York? ______________________

9. Imagina que vives en Detroit y tu abuela vive en Salt Lake City. Quieres llamarla por teléfono antes de que se vaya a trabajar, a las 7 a.m. ¿Aproximadamente a qué hora deberías llamarla?
____

(sigue)

Nombre ______________________________ Fecha ________________

INSTRUCCIONES **Usa el mapa de husos horarios para responder la pregunta.**

Husos horarios de Estados Unidos

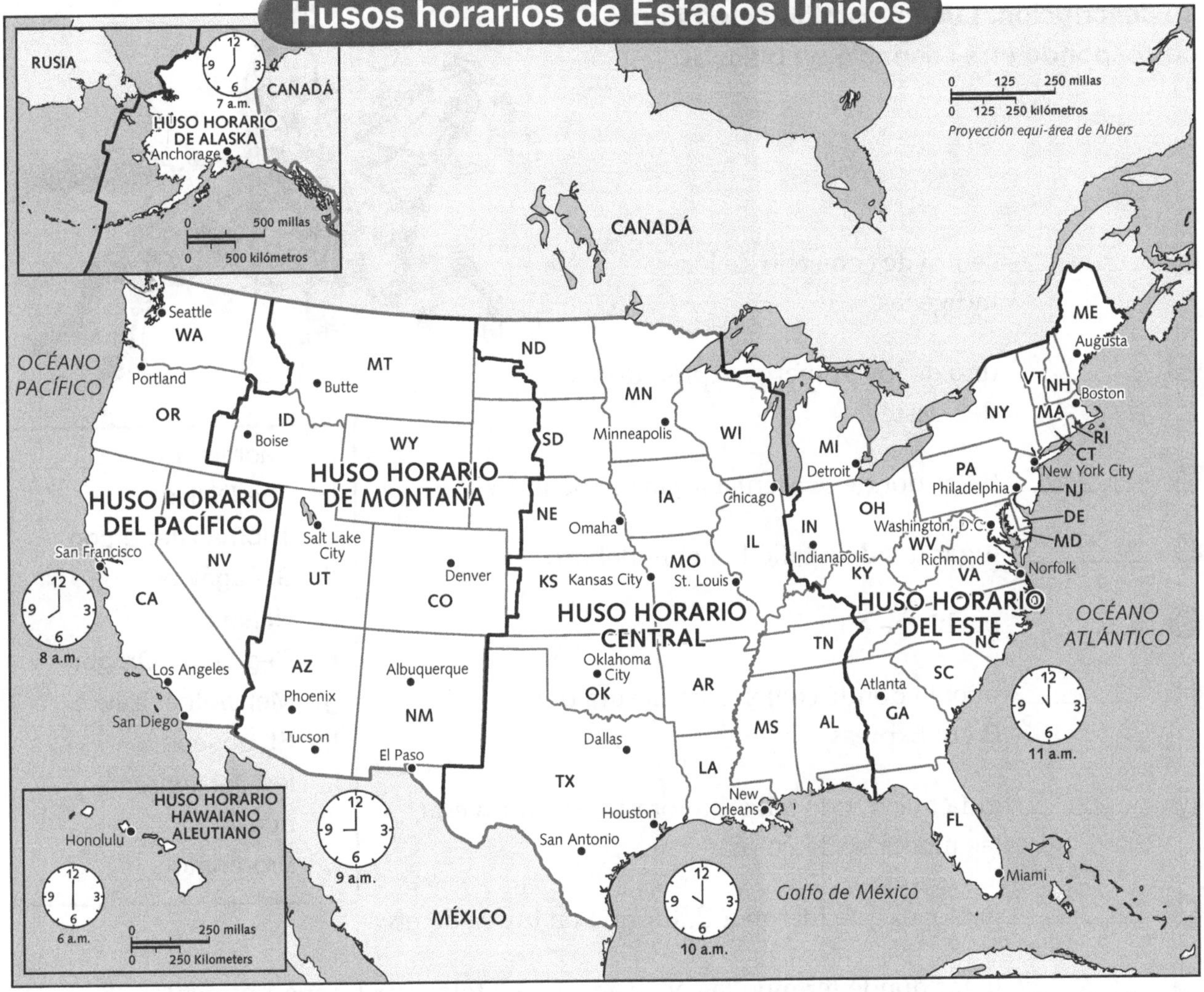

10 ¿Cuál es la hora actual en el lugar donde vives? Ahora, calcula la hora actual en cada una de estas ciudades: New York, Denver, Chicago, Anchorage y Honolulu.

____

____

____

Nombre ______________________________ Fecha ________________

Principios de la historia del Oeste

INSTRUCCIONES Relaciona cada persona o lugar con su descripción. Luego, escribe la letra que corresponde en el espacio en blanco.

1. ________ centro de comercio de los indígenas
2. ________ uno de los primeros exploradores del Oeste
3. ________ tierra donde se asentaban los agricultores
4. ________ lugar donde estalló la fiebre del oro
5. ________ pueblo en auge
6. ________ pueblo donde comenzaba la ruta del Pony Express
7. ________ guía que ayudó a los exploradores a atravesar las montañas Rocosas
8. ________ personas que fueron a California en busca de oro
9. ________ lugar donde terminó la construcción del ferrocarril transcontinental
10. ________ presidente que envió exploradores al Oeste

a. Sacramento
b. The Dalles
c. Thomas Jefferson
d. Sacagawea
e. Helena
f. Región de Oregon
g. Meriwether Lewis
h. St. Joseph
i. los del cuarenta y nueve
j. Promontory

(sigue)

Usar después de leer el Capítulo 12, Lección 2, págs. 382–387.

Nombre ______________________________ Fecha ____________________

INSTRUCCIONES **Imagina que eres parte de una familia de comerciantes chinook. Haz un dibujo que muestre cinco objetos de intercambio. Luego, escribe un párrafo para describir tus dibujos y relatar cómo obtienes o produces los objetos que intercambias.**

Nombre ______________________ Fecha ______________

El ambiente del Oeste

INSTRUCCIONES Responde estas preguntas acerca del ambiente del Oeste.

1. ¿Por qué es importante el ambiente para la economía del Oeste?

2. ¿Quién decide cómo serán usados los terrenos comunales y los recursos?

3. ¿Cómo ayudan las presas a controlar las inundaciones?

4. ¿Cómo protege el ambiente una escalera para peces?

5. ¿Cuál es el principal objetivo de los parques nacionales y los bosques nacionales?

(sigue)

Usar después de leer el Capítulo 12, Lección 3, págs. 390–394.

Nombre ______________________________ Fecha ______________

INSTRUCCIONES **Completa el organizador gráfico para mostrar lo que aprendiste acerca del papel que desempeñan las industrias en la protección del ambiente.**

Protección del ambiente

Presas

____
____
____
____
____

Barcos petroleros

____
____
____
____
____

Parques nacionales

____
____
____
____
____

Manufacturas

____
____
____
____
____

Minería

____
____
____
____
____

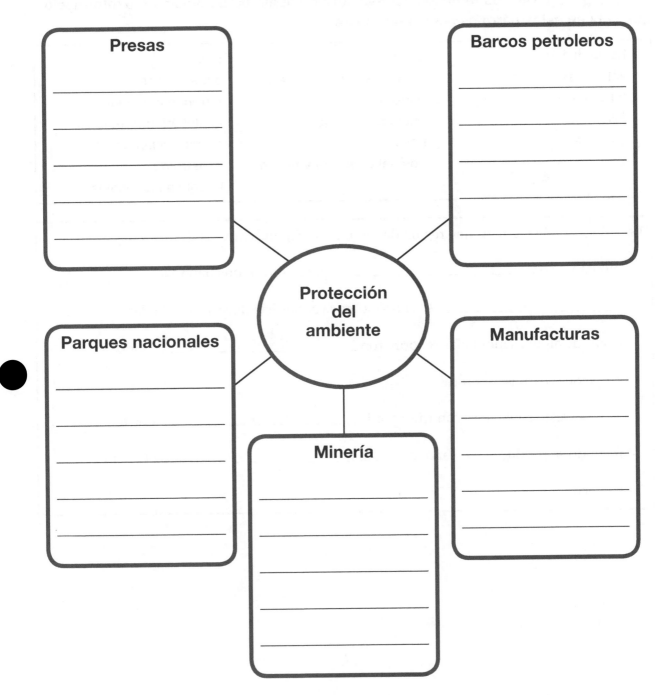

Capítulo 12

Nombre ______________________ Fecha ______________

Guía de estudio

INSTRUCCIONES Usa los términos del recuadro de abajo para completar la información que falta en estos párrafos acerca del Oeste.

Lección 1	Lección 2	Lección 3
volcanes	caravanas de carromatos	ecosistemas
terremotos	barrera	terrenos comunales
fallas	pueblos en auge	explotación forestal
cráteres	paso	derramamientos de petróleo
lava	Los del cuarenta y nueve	bosques nacionales

Lección 1 El Oeste es una región de montañas. Algunas de esas montañas son ______________________, que se formaron cuando la ______________________ se enfrió sobre la superficie de la Tierra. En las cimas de algunas montañas se formaron ______________________ cuando las erupciones expulsaron rocas.

El Oeste también es conocido por los ______________________ que a menudo se producen a lo largo de ______________________ en la costa del Pacífico.

(sigue)

Usar después de leer el Capítulo 12, págs. 372–399.

Nombre ______________________ Fecha ______________

Lección 2 Las empinadas montañas Rocosas eran una ______________________ natural en el viaje de los colonos al Oeste. Cuando unos tramperos hallaron un ______________________ que atravesaba las montañas, los viajes hacia el Oeste aumentaron. Miles de colonos se unieron a las ______________________ que se dirigían a la Región de Oregon. Más tarde, un grupo de trabajadores descubrió oro en California. ______________________ se precipitaron hacia la zona. En otras partes del Oeste también se descubrió oro. Con cada descubrimiento llegaban más mineros y surgían ______________________.

Lección 3 El Oeste tiene millones de acres de ______________________. Algunas de estas tierras se reservan para crear ______________________. Algunas personas rentan esas tierras para desarrollar actividades económicas como la ______________________ y la minería. Estas actividades económicas pueden dañar los ______________________. Las personas toman medidas para proteger el ambiente. Por ejemplo, preservan algunos bosques y tratan de evitar los ______________________.

Nombre ______________________ Fecha ______________

Resume el capítulo

Destreza clave GENERALIZAR

INSTRUCCIONES Completa los organizadores gráficos para mostrar que comprendes cómo hacer generalizaciones sobre el Oeste.

Datos

En el Oeste están los lugares más calurosos y los lugares más fríos de la nación.	En el Oeste están los lugares más secos y los lugares más húmedos de la nación.	En el Oeste están los lugares más altos y los lugares más bajos de la nación.

Generalización

____

____

____

Datos

Se han construido escaleras para peces para proteger al salmón.	Se han inventado maneras de evitar los derramamientos de petróleo.	Se han reservado terrenos para la creación de parques y bosques nacionales.

Generalización

____

____

____

Usar después de leer el Capítulo 12, págs. 372–399.

Nombre ______________________________ Fecha ____________________

Los estados montañosos

INSTRUCCIONES **Rellena el círculo correspondiente a la ciudad, o ciudades, que concuerde mejor con cada descripción. Puedes rellenar más de un círculo.**

	Denver	Cheyenne	Salt Lake City	Las Vegas	Boise
1 Capital de un estado montañoso	❍	❍	❍	❍	❍
2 El turismo es una parte importante de la economía	❍	❍	❍	❍	❍
3 Brigham Young condujo a los primeros colonos de la zona	❍	❍	❍	❍	❍
4 Centro económico y de transportes de los estados montañosos	❍	❍	❍	❍	❍
5 Las dos ciudades más grandes de los estados montañosos	❍	❍	❍	❍	❍
6 Centro de empresas de tecnología avanzada	❍	❍	❍	❍	❍
7 Las ciudad más grande de Nevada	❍	❍	❍	❍	❍
8 Ciudad de los estados montañosos ubicada en las Grandes Llanuras	❍	❍	❍	❍	❍

(sigue)

Nombre _____ Fecha _____

INSTRUCCIONES Observa el mapa de parques y monumentos nacionales del Oeste. Luego, responde las preguntas de abajo.

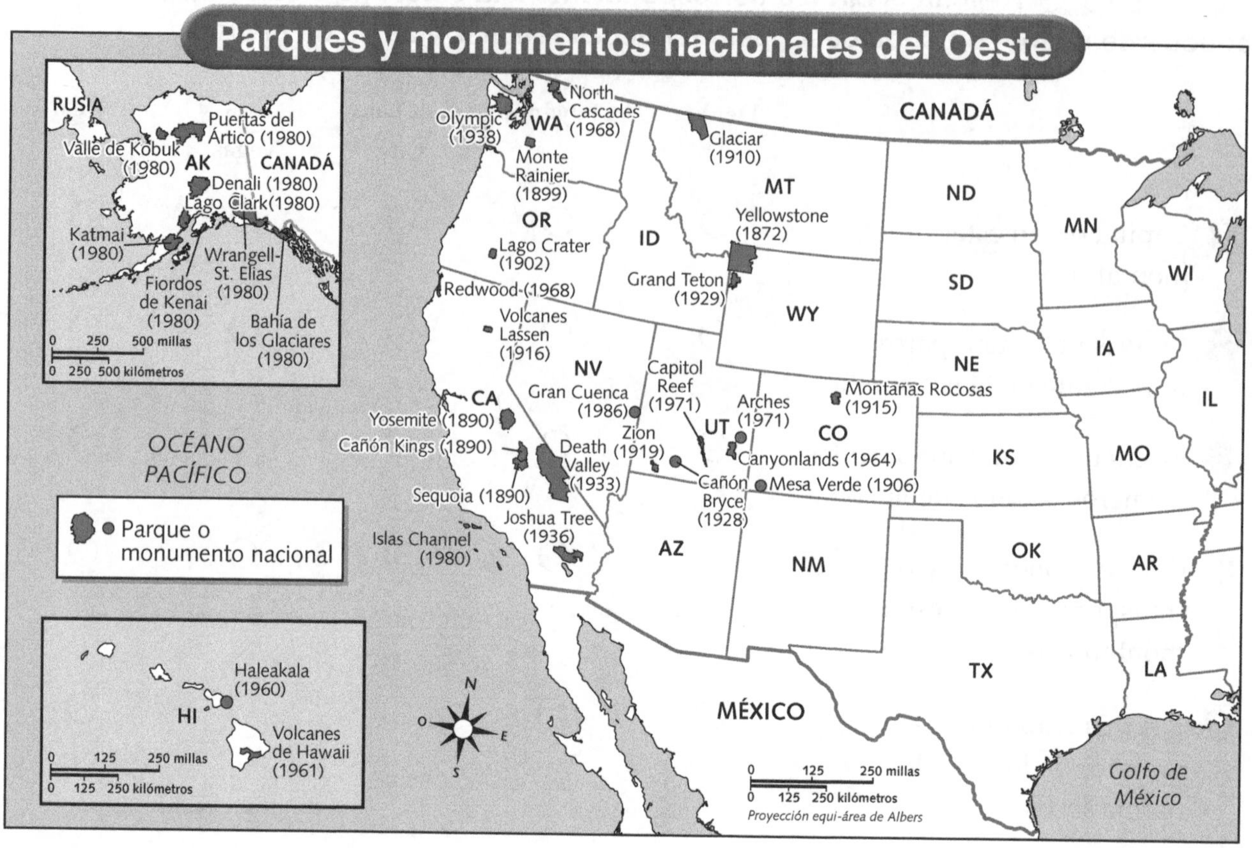

Parques y monumentos nacionales del Oeste

① ¿Qué parque nacional se creó primero, Yosemite o Yellowstone? ¿En qué año?

② ¿Qué estados tienen la mayor cantidad de parques y monumentos nacionales? ¿Cuántos tienen?

③ ¿Qué parques y monumentos nacionales se encuentran en Washington?

④ ¿En qué año se crearon más parques y monumentos nacionales, en 1890 o en 1980?

Usar después de leer el Capítulo 13, Lección 1, págs. 402–406.

© Harcourt

Nombre ______________________________ Fecha ______________

Distinguir entre hecho y opinión

INSTRUCCIONES Lee las siguientes afirmaciones. Decide si cada una de ellas es un hecho (*H*) o una opinión (*O*).

1. ______ Cheyenne es la capital de Wyoming.
2. ______ A veces, las tormentas de nieve hacen que sea imposible viajar por las montañas.
3. ______ Denver es el mejor lugar para vivir en los estados montañosos.
4. ______ Hoy en día, los estados montañosos tienen demasiados habitantes.
5. ______ Aproximadamente la mitad de la población de Salt Lake City son mormones.
6. ______ Jeannette Rankin fue la primera mujer elegida como representante ante el Congreso.
7. ______ Esquiar es más divertido que pescar.
8. ______ Los empleos más interesantes de los estados montañosos están en las bases militares.
9. ______ La mayoría de las empresas de tecnología avanzada de la región están en las ciudades.
10. ______ Los Alpes son más bonitos que las montañas Rocosas.

Nombre ______________________ Fecha ______________

Los estados del Pacífico

INSTRUCCIONES Lee las siguientes oraciones acerca de personas y lugares importantes de los estados del Pacífico. Identifica a qué persona o lugar se refiere cada oración. Usa los términos del recuadro.

George Ariyoshi	Susan Butcher	Juneau	Antonio Villaraigosa
Los Angeles	bahía de Prudhoe	reina Liliuokalani	Bill Gates
San Francisco	*Silicon Valley*		

1. Esta persona fue la primera en ganar tres veces consecutivas la carrera Iditarod.

   ____

2. En este lugar está el puente Golden Gate. ______________________

3. Esta persona fue elegida alcalde de Los Angeles en 2005.

   ____

4. Aquí comienza el oleoducto de Alaska. ______________________

5. Esta persona fue el primer gobernador asiático-americano de Estados Unidos.

   ____

6. Reinó en las islas hawaianas. ______________________

7. Este lugar es el centro de la industria nacional del entretenimiento.

   ____

8. Esta persona cofundó la compañía de *software* más grande del mundo.

   ____

9. Este lugar es la capital de Alaska. ______________________

10. Las empresas de tecnología avanzada hicieron famoso este lugar.

    ____

(sigue)

 Usar después de leer el Capítulo 13, Lección 2, págs. 410–415.

Nombre ______________________ Fecha ______________

INSTRUCCIONES **Lee los siguientes datos acerca de algunas ciudades de los estados del Pacífico. Luego, completa la actividad.**

- Portland, Oregon, es una ciudad diversa con una población de casi 2 millones de habitantes. Es la sede del Festival Internacional de Cine de Portland.
- Seattle, Washington, es una ciudad portuaria con más de 300 parques. Los científicos del Acuario de Seattle trabajan para proteger a los animales marinos del Pacífico.
- La temperatura promedio diaria de Honolulu, Hawaii, es de entre 71°F y 80°F. Aquí se encuentra el único palacio real de Estados Unidos, el palacio Iolani.
- Casi 4 millones de personas viven en Los Angeles, California. Hay 20 playas públicas a los largo de 30 millas de costa en el condado de Los Angeles.
- El mayor centro turístico de esquí del país se encuentra cerca del centro de la ciudad de Anchorage, Alaska. ¡Los esquiadores disfrutan de casi 742 pulgadas de nieve por año!

INSTRUCCIONES **Elige una de las ciudades de arriba. Luego usa tus conocimientos previos y los datos de arriba para escribir un párrafo acerca de esa ciudad.**

____

____

____

____

____

____

Los Angeles

Nombre ______________________ Fecha ______________

Tomar una decisión bien pensada

INSTRUCCIONES Lee los pasos para tomar una decisión bien pensada. Los pasos no están en orden. En el espacio en blanco, escribe los pasos en el orden correcto.

- Reúne la información que necesitarás para tomar una buena decisión.
- Pon en práctica tu decisión.
- Haz una lista de opciones que puedan ayudarte a alcanzar tu objetivo.
- Piensa en las consecuencias posibles de cada opción. Decide qué opción tendrá los mejores resultados.

1
____
____

↓

2
____
____

↓

3
____
____

↓

4
____
____

(sigue)

Nombre ______________________ Fecha ______________

INSTRUCCIONES Lee cada párrafo y completa las actividades. Usa los pasos de la página 118 para tomar una decisión. Escribe acerca de tu decisión y explica cómo la tomaste.

1. Imagina que tienes la oportunidad de inscribirte en un curso de guitarra. En el mismo horario ofrecen una clase de computación. Realmente quieres aprender a tocar la guitarra, pero todos tus amigos se inscribirán en la clase de computación.

____

____

____

____

____

____

2. Imagina que te mudarás a los estados del Pacífico. Debes decidir en qué parte de la región quieres vivir. Usa los pasos de la página anterior para tomar la decisión. Luego, escribe acerca de tu decisión y explica cómo la tomaste.

____

____

____

____

____

____

____

Capítulo 13

Nombre ______________________ Fecha ______________

Guía de estudio

INSTRUCCIONES Lisa y Theo escribieron informes acerca de los estados montañosos y los estados del Pacífico. Usa los términos del recuadro de abajo para completar la información que falta en sus informes.

Lección 1	Las Vegas	**Lección 2**	entretenimiento
Idaho	Salt Lake City	archipiélago	petróleo
Colorado	Wyoming	turismo	microchips

Lección 1

Los estados montañosos

por Lisa Richardson

Los estados montañosos tienen pocas ciudades grandes y muchos centros gubernamentales, parques y bosques. Denver y ______________ son las ciudades más grandes de la región. ______________ fue fundada por mormones. Hoy es la ciudad más grande de Utah. ______________ tiene un importante centro gubernamental, el Comando de Defensa Aeroespacial de América del Norte, o NORAD, por sus iniciales en inglés. El Parque Nacional Yellowstone probablemente es el parque más famoso de la región. Gran parte de este enorme parque se encuentra en ______________. El Monumento y Reserva Nacional Cráteres de la Luna se encuentra en ______________.

(sigue)

Usar después de leer el Capítulo 13, págs. 400–419.

Nombre ______________________ Fecha ______________

Lección 2

Los estados del Pacífico

por Theo Weinstein

Los estados del Pacífico tienen una economía diversificada. Las industrias más importantes de California son la agricultura, la manufactura y el ______________. Los trabajadores de Washington County, en Oregon, fabrican ______________.

La compañía de *software* más importante del mundo tiene sus oficinas centrales en Seattle. La pesca y el ______________ son las principales industrias de Alaska. Hawaii es un ______________. Su principal industria es el ______________.

Nombre ______________________ Fecha ______________

Resume el capítulo

Destreza clave

GENERALIZAR

INSTRUCCIONES **Completa los organizadores gráficos para mostrar que comprendes cómo hacer generalizaciones sobre el Oeste.**

Datos

Aproximadamente 1 de cada 3 californianos es hispano.

Aproximadamente 1 de cada 7 habitantes de Alaska es indígena.

Aproximadamente 4 de cada 10 hawaiianos son de ascendencia asiática.

Generalización

____

____

____

Datos

Los estados montañosos tienen grandes parques nacionales, bosques nacionales y parques estatales.

El gobierno posee grandes extensiones de tierra en los estados montañosos.

Algunas empresas de tecnología avanzada trabajan para el gobierno y las fuerzas armadas.

Generalización

____

____

____

Usar después de leer el Capítulo 13, págs. 400–419.

4500781493-0607-2019
Printed in the U.S.A